Rast

Volker Barsch

# rastafari:
# von babylon nach afrika

VENTIL

2. Auflage 2003
ISBN 3-930559-97-8
Lektorat: Pete Lilly, Carsten Keller
Redaktion: Mareike Wantia
Umschlag- u. Kapitelfotos: Martina Markwart, Herford
Layout/Satz: Oliver Schmitt
Druck: Fuldaer Verlagsagentur, Fulda

VENTIL VERLAG
Büsser, Neumann, Schmitt, Weber, Weinell GbR
Augustinerstraße 18, 55116 Mainz
Fon: (06131) 2260-78, Fax: -79
mail@ventil-verlag.de, www.ventil-verlag.de

# Inhalt

# einleitung

## Einleitung

Rastafari wird oft als »jamaikanische Religion« bezeichnet. Dabei definiert sich die Mehrheit der Rastas in Jamaika nicht als jamaikanisch, sondern als afrikanisch bzw. als äthiopisch. Ihren Aufenthalt in Jamaika sehen die Rastas als ein langes, aber vorübergehendes Exil an. Jamaika ist für sie *Babylon*, Afrika/Äthiopien dagegen das »gelobte Land« *Zion*. Wie kommt es, daß die Rastas sich von den offiziellen geographischen und politischen Realitäten nicht beeindrucken lassen und Afrika/Äthiopien zu ihrer Heimat erklären? Was sind die historischen Brücken, die ihnen die spirituelle Überquerung des Atlantischen Ozeans ermöglichen? Was sind die historischen Brüche, die es dabei zu überwinden gilt? Warum ist Haile Selassie der lebendige Gott der Rastas? Dieses Buch soll Antworten auf solche Fragen geben und so dazu beitragen, daß die vielen Mißverständnisse, die in bezug auf das Verhältnis der Rastafari-Bewegung zu Afrika existieren, geklärt werden.

Eines dieser Mißverständnisse soll hier kurz angesprochen werden: Als Reaktion auf die Afrika-Fixierung der Rastas stellten in den 80er Jahren zwei jamaikanische Autoren indischer Abstammung (Mansingh u. Mansingh 1985) die These auf, Religion, Philosophie und Rituale der Rastas seien vor allem auf indische Einflüsse zurückzuführen. Diese einseitige Darstellung veranlaßt aktuelle AutorInnen (z.B. Lee 2000: 114 ff.; Kastner 2003) dazu, die starke Beziehung der Rastas zu Afrika zu bestreiten oder das Bekenntnis der Rastas zu einer afrikanischen bzw. schwarzen[1] Identität als rassistische Entgleisung zu interpretieren. Es geht mir nun keineswegs darum, die Möglichkeit indischer Einflüsse auf die Rastafari-Philosophie zu leugnen. Genausowenig lassen sich jedoch die essentiellen spirituellen und historischen Verbindungen der Rastas zu Afrika leugnen. Wie wir sehen werden, ist es kein Zufall, daß die Rastas ausgerechnet Afrika bzw. Äthiopien seit über 70 Jahren als ihr »gelobtes Land« bezeichnen.

Die Verbindungen der Rastafari-Bewegung zu Afrika sollen hier also im Mittelpunkt stehen. Das heißt natürlich nicht, daß die Rastafari-Bewegung etwas »rein Afrikanisches« ist. Die Rasta-Philosophie beinhaltet zum Beispiel auch starke christliche und jüdische Komponenten. Außerdem ermöglicht die Offenheit des Rasta-Diskurses nicht nur Menschen aus Jamaika oder Afrika, sondern Menschen aus allen Teilen der Welt, sich zu Rastafari zu bekennen.

So gibt es seit Beginn der internationalen Verbreitung der Rasta-Ideen durch die Reggae-Musik in den 70er Jahren auch einige weiße Rastas.

Bei der afrikanischen Identität, die die Rastas konstruieren, handelt es sich nicht um etwas Statisches oder gar um eine unveränderliche »afrikanische Substanz«. Die Rastas greifen nicht auf eine bestimmte afrikanische Tradition zurück, sondern konstruieren in einem dynamischen Prozeß eine neue afrikanische Tradition. Der dynamische Rastafari-Diskurs bietet den Menschen in der afrikanischen Diaspora seit der Entstehung der Bewegung in den 30er Jahren in Jamaika eine afrozentrische Alternative zum dominanten eurozentrischen Diskurs.

Die wissenschaftliche Beschäftigung mit der Rastafari-Bewegung begann in den 50er Jahren. Allerdings waren die ersten Untersuchungen (z.B. Simpson; Augier, Nettleford, Smith; Kitzinger) relativ oberflächlich. Seit den 70er Jahren haben dann intensive Studien verschiedener AutorInnen (zum Beispiel Owens, Chevannes, Yawney, Homiak) viel zu einem besseren Verständnis des Rastafari Diskurses beigetragen. Seit den 80er Jahren gibt es auch Beiträge von AutorInnen, die selbst Rastas sind (z.B. Bones; Rowe; Tafari-Ama).

Bei dem vorliegenden Buch handelt es sich um eine überarbeitete und aktualisierte Fassung meiner Magisterarbeit im Fach Afrikanistik. Herzlich bedanken möchte ich mich bei Frau Prof. Marianne Bechhaus-Gerst für die Betreuung der Arbeit. Neben der Sekundärliteratur habe ich zahlreiche Texte von Rasta-Reggae-Liedern und Rasta-Gedichten analysiert. Sehr hilfreich war außerdem, daß in Murrell et al. (1998) der älteste erhaltene Rasta-Primärtext, Leonard Howells »Promised Key« aus dem Jahr 1935, erstmals in voller Länge nachgedruckt wurde.

Teil 1 beginnt mit einem Abriß der Geschichte der Rastafari-Bewegung. Dabei werde ich vor allem auf die Spannungen zwischen der Rastafari-Bewegung und der jamaikanischen Gesellschaft eingehen, um zu verdeutlichen, unter welchen Bedingungen sich der Rastafari-Diskurs entwickelt hat. Danach werden die wichtigsten Rasta-Organisationen vorgestellt, und es wird gezeigt, warum es sinnvoll erscheint, die Rastafari-Bewegung als »neue religiöse Bewegung« zu definieren. Teil 2 thematisiert die besonderen Bedingungen für die Konstruktion von kultureller Identität in der afrikanischen Diaspora. In Teil 3 soll dargestellt werden, wie Afrika von den Rastas als positiver Gegenentwurf zu den negativen historischen Erfahrungen von rassistischer

Unterdrückung und Diskriminierung konstruiert wird. In Teil 4 werden die wichtigsten Symbole und Rituale, die den Rastas zur Konstruktion von ihrem Afrika bzw. zur Konstruktion einer afrikanischen Identität dienen, ausführlich besprochen. In Teil 5 soll schließlich erläutert werden, wie die Rastas nicht nur spirituell, sondern auch physisch den Weg zurück nach Afrika gefunden haben und wie sich die Botschaft von Rastafari in verschiedenen afrikanischen Ländern verbreitet hat.

# teil 1: die rastafari-bewegung in jamaika

## Die Geschichte der Rastafari-Bewegung in Jamaika seit 1930

### Die ersten Rastas (30er Jahre)

Der Anlaß für die Entstehung der Rastafari-Bewegung in Jamaika war die Krönung Ras Tafari Makonnens zum Kaiser von Äthiopien am 2.11.1930. Der neue Herrscher gab sich den Namen Haile Selassie (»Kraft der Dreieinigkeit«), und durch diesen und weitere Titel (unter anderem »König der Könige«, »Herr der Herren«, »Siegreicher Löwe vom Stamme Juda«) stellte er eine Verbindung mit der Bibel, vor allem mit der Offenbarung, her. Verschiedene jamaikanische Straßenprediger begannen daraufhin Anfang der 30er Jahre, die Göttlichkeit Haile Selassies zu verkünden. Die bekanntesten dieser Straßenprediger gelten heute als die Begründer der Rastafari-Bewegung: Leonard P. Howell, Joseph N. Hibbert und Archibald Dunkley. Sie verkündeten die neue Botschaft unabhängig voneinander, so daß die Rastafari-Bewegung von Anfang an in verschiedene Gruppen aufgeteilt war. Wichtig für die weitere Entwicklung der Bewegung war auch, daß sie nicht formell gegründet wurde, sondern sich in der Interaktion von Straßenpredigern und deren Anhängerschaft, die sich größtenteils aus Arbeitern, landlosen Bauern und Arbeitslosen zusammensetzte, entwickelte. Heterogenität und Dynamik kennzeichneten die Bewegung also von Anfang an.

Leonard P. Howell (Foto 1933)

Der gebürtige Jamaikaner Leonard P. Howell (1898–1981) gilt als die einflußreichste Figur unter den frühen Rastas. Von 1918 bis 1931 lebte er in den USA, den größten Teil dieser Zeit im New Yorker Stadtteil Harlem. Dort schloß er sich der United Negro Improvement Association (UNIA) an. Im Januar 1931 wurde Howell verhaftet und wegen Diebstahls zu vier Jahren Gefängnis verurteilt. Im November 1932 wurde er nach Jamaika abgeschoben. Dort kontaktierte Howell zunächst Marcus Garvey, den Vorsitzenden der UNIA, der fünf Jahre zuvor ebenfalls von den USA nach Jamaika abgeschoben worden war. Nachdem Garvey ihm die Erlaubnis verweigert hatte, vor dem jamaikanischen Hauptquartier der UNIA in Kingston Fotografien von Haile Selassie zu verkaufen, trat Howell aus der UNIA aus. Er gründete 1933 die King of

Kings Mission und bezeichnete sich selbst als Botschafter Selassies. Während die anderen frühen Rastafari-Prediger hauptsächlich in Kingston agierten, befand sich Howells Hauptquartier zunächst in der Nähe von Port Morant im Bezirk St. Thomas. Bei seinen öffentlichen Versammlungen verkaufte Howell Bilder des äthiopischen Kaisers und erklärte Haile Selassie zum »schwarzen Messias« bzw. Gott. Dabei berief er sich auf die Bibel, und er identifizierte die schwarze Rasse mit den Juden. Gleichzeitig leugnete er in seinen Reden die Autorität des Königs von England und der englischen sowie der jamaikanischen Regierung. Er erklärte, daß die englische Herrschaft in Jamaika nun beendet sei und Selassie die Afro-JamaikanerInnen nach Afrika zurückbringen werde (Dijk 1993: 84 ff.; Hill 1983: 28 ff.).

Joseph Nathaniel Hibbert gehörte zu den ersten Rasta-Predigern (Foto 1983)

Die Vertreter der Kolonialmacht wurden bald auf Howells antikolonialistische Agitation aufmerksam, und bereits am 16.3.1934 wurde er wegen subversiver Tätigkeit zu zwei Jahren Haft verurteilt.[2] Auch Hibbert und Dunkley wurden von der Polizei mehrmals inhaftiert. Die Ausbreitung der Rastafari-Bewegung konnte die Polizei jedoch nicht verhindern. Der Krieg zwischen Italien und Äthiopien verstärkte die äthiopistischen Strömungen in Jamaika und damit auch die Rastafari-Bewegung noch (Post 1978: 166 ff.).

Die Rastafari-Bewegung, deren frühe Anhänger fast ausschließlich der Unterschicht angehörten, entstand in einer Zeit, in der die sozialen Spannungen in Jamaika infolge der Weltwirtschaftskrise einen Höhepunkt erreichten. Arbeitslosigkeit, fehlende Mitbestimmungsrechte und die fortschreitende Verarmung der schwarzen Bevölkerungsmehrheit waren die Hauptursachen für die wachsende Unzufriedenheit, die in den Streiks und gewaltsamen Protesten von 1938 ihren Ausdruck fand (Campbell 1985: 119 ff.).[3] Von der Ober- und Mittelschicht wurde die Rastafari-Bewegung aufgrund ihres antikolonialistischen Charakters als ernsthafte Bedrohung des Status Quo betrachtet. Aber auch Teile der Unterschicht standen den Rastas feindselig gegenüber:

Im Januar 1937 wurden Howell und seine Anhänger von einem Mob überfallen und aus Port Morant vertrieben. Howell errichtete ein neues Hauptquartier in Kingston, doch bereits drei Monate später kam er wegen Beteiligung an einer Schlägerei wieder ins Gefängnis. Schließlich wurde er ins Bellevue Mental Hospital verlegt, wo er bis Ende 1938 blieb (Dijk 1993: 97).

Die Rastafari-Bewegung bestand inzwischen aus zahlreichen kleinen Gruppen. Immer wieder wurden Rastas Opfer gewalttätiger Attacken ihrer Gegner. Gleichzeitig nahm die Anzahl von brutalen Polizeiübergriffen gegen Rastas zu, und immer mehr von ihnen wurden, wie Howell, für verrückt erklärt und in der Bellevue-Psychiatrie eingesperrt (Simpson 1957: 508; Post 1978: 192 f.; Chevannes 1994c: 81).

### Pinnacle (1940–54)

Nach seiner Entlassung gründete Howell die Ethiopian Salvation Society (März 1939). Im Mai 1940 erwarb er eine ehemalige, ca. 200 Hektar große Plantage namens Pinnacle in der Nähe von Sligoville. Die Pinnacle-Kommune war in den 40er Jahren das wichtigste Zentrum der Rastafari-Bewegung. Die Anzahl der Rastas, die in Pinnacle lebten, wird auf 1600 bis 1800 geschätzt. Sie betrieben dort eine subsistenzorientierte Landwirtschaft. Nach Berichten ehemaliger Mitglieder der Kommune praktizierte Howell einen autoritären Führungsstil, und einige seiner Anhänger sollen ihn nun selbst als lebendigen Gott verehrt haben[4] (Dijk 1993: 98 ff.; Hill 1983: 35f.; Lee 2000: 143 ff.).

Nachdem drei Einwohner von Sligoville ausgesagt hatten, sie seien nach einer Auseinandersetzung mit den Rastas in Pinnacle von diesen ausgepeitscht worden, stürmte am 14.7.1941 eine schwer bewaffnete Hundertschaft der Polizei die Kommune und nahm 70 Rastas fest. Howell wurde wegen Körperverletzung zu zwei Jahren Arbeitslager verurteilt. 1943 kehrte er nach Pinnacle zurück, und in den folgenden zehn Jahren wurde die Rasta-Kommune von der Polizei weitgehend in Ruhe gelassen. Warum es in dieser Zeit zu keinen weiteren Polizeiattacken auf Pinnacle kam, ist ungeklärt. Wahrscheinlich wurde die Rasta-Kommune aufgrund ihrer relativ isolierten Lage von den Behörden als das kleinere Übel gegenüber einer Zunahme von Rasta-Aktivitäten in Kingston angesehen.

Der intensive Marihuanaanbau in Pinnacle lieferte der Polizei schließlich die Begründung für die gewaltsame Auflösung der Rasta-Kommune: Am

22.5.1954 wurde Pinnacle gestürmt und zerstört. Nach Angaben des *Daily Gleaner*, der einzigen jamaikanischen Tageszeitung, beschlagnahmte die Polizei bei dieser Aktion acht Tonnen Marihuana, und 140 Rastas wurden wegen Drogenbesitzes zu je einem Jahr Zwangsarbeit verurteilt. Howell wohnte zum Zeitpunkt der Razzia in Kingston. Später kehrte er zwar mit einer geringen Anzahl von Anhängern nach Pinnacle zurück. Innerhalb der Rastafari-Bewegung spielte er nach 1954 aber keine große Rolle mehr. Leonard Howell starb im Februar 1981 im Alter von 83 Jahren (Dijk 1993: 98–105).

**Wer hat Angst vorm Rasta-Mann? (50er Jahre)**

Nach der Zerstörung von Pinnacle wurde Kingston das Zentrum der Rastafari-Aktivitäten. In den Slums der Hauptstadt hatte sich mittlerweile eine Vielzahl von Rasta-Gruppierungen gebildet. Es kam oft dazu, daß sich kleinere Gruppen auflösten und sich andere neu formierten, so daß Dynamik und Heterogenität also weiterhin charakteristisch für die Bewegung waren (Simpson 1957: 508 f.).

Die Spannungen zwischen den Rastas und ihren Gegnern nahmen in den 50er Jahren weiter zu. Viele Rastas begannen in dieser Zeit, sich als sichtbare Zeichen ihrer Distanzierung von der übrigen Gesellschaft *Dreadlocks*[5] wachsen zu lassen, im Gegenzug stellte der konservative *Daily Gleaner* die Rastas als verwahrloste, schizophrene, marihuanasüchtige Kriminelle dar und hetzte so einen großen Teil der Bevölkerung gegen sie auf. Zum Beispiel wurden die Rastas im Juni 1951 vom *Gleaner* pauschal für einen ungeklärten Mordanschlag verantwortlich gemacht. Kommentatoren der Zeitung forderten die Auslöschung der Rastas oder schlugen vor, alle Rastas in Arbeitslagern einzusperren. Diese Hetze führte zu einer Welle öffentlicher – sowohl verbaler als auch physischer – Attacken gegen Rastas (Dijk 1993: 105 ff.). So waren die Festnahme von Rastas und das Abschneiden ihrer *Dreadlocks* in den 50er Jahren alltägliche Polizeipraxis. Als Vorwand für diese Erniedrigung diente meistens der angebliche oder tatsächliche Besitz von Marihuana[6].

Als im September 1955 Maymie Richardson im Auftrag der Ethiopian World Federation (EWF) nach Jamaika kam und öffentlich verkündete, Haile Selassie habe den Menschen in der afrikanischen Diaspora ein Stück Land in Äthiopien zur Verfügung gestellt, wurde das von den Rastas als Aufforderung zur *Repatriation*, zur Rückkehr der Nachfahren der versklavten Afrikaner-

Innen nach Afrika, interpretiert. In den folgenden Jahren rückte das Thema *Repatriation* ins Zentrum des Rastafari-Diskurses und auch des öffentlichen Diskurses über die Rastas (s. Seite 77).

Im März 1958 organisierte Prince Emmanuel Charles Edwards[7] die bis dahin größte Rasta-Versammlung. Mehr als 3000 Rastas aus allen Teilen der Insel kamen zu dem dreiwöchigen Treffen in Emmanuels Coptic Theocratic Temple[8]. Nach Beendigung des Treffens versammelten sich ca. 300 Teilnehmer zu einem Demonstrationszug durch Kingston, der von der Polizei gewaltsam aufgelöst wurde. Emmanuels *Rasta-Convention* zeigte, daß die Rastas in der Lage waren, eine gewisse Anzahl von Menschen zu mobilisieren und ihren Protest gemeinsam zu artikulieren, und dies wurde vom jamaikanischen Establishment als Bedrohung empfunden. In der Folgezeit kam es zu noch brutaleren Polizeiübergriffen gegen Rastas. Am 7.5.1958, einen Monat nach Ende der *Convention*, wurde das *Camp* von Prince Emmanuel und seinen Anhängern von der Polizei niedergebrannt. Andere Rasta-Zentren wurden ebenfalls geräumt und zerstört. Im Mai 1959 kam es zu schweren Auseinandersetzungen zwischen Rastas und der Polizei auf Kingstons Coronation Market.

Da direkte Polizeigewalt die Rasta-Bewegung jedoch nicht aufhalten konnte, begann die jamaikanische Elite, die ein »zweites Kuba« befürchtete und Verbindungen zwischen Rastas und Kommunisten vermutete, nach anderen Mitteln zu suchen: Der Gouverneur K. Blackburne zum Beispiel versuchte ohne Erfolg, eine persönliche Erklärung Haile Selassies zu bekommen, in der dieser bestreiten sollte, der Gott der Rastas zu sein. Außerdem startete der Gouverneur ebenso vergebliche Versuche, US-amerikanische christliche Gruppen für die Konvertierung der Rastas einzuspannen (Dijk 1993: 116–127).

Die »Henry-Affäre« von 1960 schien konkrete Verbindungen der Rastas zu revolutionären Kräften zu bestätigen: Bei einer Durchsuchung des Hauptquartiers der African Reform Church, einer Rasta-Gruppe unter Leitung von Claudius Henry, fand die Polizei unter anderem Schußwaffen, Sprengstoff und einen an Fidel Castro adressierten Brief, in dem der kubanische Revolutionsführer dazu aufgefordert wurde, Jamaika zu besetzen. Henry und fünfzehn seiner Anhänger wurden wegen Hochverrats zu mehrjährigen Haftstrafen verurteilt. Während das Verfahren noch lief, wurden am 21.6.1960 zwei Soldaten bei der Durchsuchung eines geheimen Waffenlagers erschossen. Bei den Tätern, die nach tagelanger intensiver Suche von der Polizei gestellt wurden, handelte es sich um eine kleine, von Afro-Amerikanern geleitete konspirative Gruppe, die in den Red Hills paramilitärische Übungen abgehalten hatte. Ein Mitglied dieser Gruppe war Claudius Henrys Sohn Ronald. Die Gruppe wurde auch für die Erschießung von drei Rastas – Mitgliedern der African Reform Church –, deren vergrabene Leichen in der Nähe des Waffenlagers gefunden wurden, verantwortlich gemacht. Ronald Henry und vier seiner Komplizen wurden zum Tode verurteilt und hingerichtet, die übrigen wurden in die USA deportiert (ibid., S. 133–137; 146–149). Im Verlauf der Henry-Affäre kam es zu massenhaften willkürlichen Verhaftungen und Mißhandlungen von Rastas durch die Polizei. Die Rastafari-Bewegung wurde von der jamaikanischen Presse nun mehr denn je als eine Ansammlung Krimineller diffamiert.

**Der University Report und die Mission to Africa (1960–61)**

Angesichts der zunehmend feindseligen Haltung von großen Teilen der Öffentlichkeit wandten sich einige führende Rastas an das University College of the West Indies (UCWI) und baten die Wissenschaft um Unterstützung. Die renommierten Sozialwissenschaftler Michael G. Smith und Rex Nettleford sowie der Historiker Roy Augier führten daraufhin eine kurze Studie der Rastafari-Bewegung durch. Im August 1960 wurde das Ergebnis dieser Studie im *Daily Gleaner* veröffentlicht (s. Augier, Nettleford, Smith 1960). Der »University Report« enthielt Informationen über die Geschichte der Rastafari-Bewegung, über ihre aktuelle Situation und ihre Ziele, wobei *Repatriation* an erster Stelle genannt wurde. Die Autoren stellten klar, daß es sich um eine sehr heterogene Bewegung handelte und daß die »kriminellen Elemente« in der Bewegung nur eine kleine Minderheit bildeten. Der Bericht endete mit zehn Empfehlungen an die jamaikanische Regierung. Unter anderem wurde empfohlen, eine jamaikanische Delegation nach Afrika zu schicken, um Migrationsmöglichkeiten zu erkunden. An dieser *Mission* sollten auch Vertreter der Rastafari-Bewegung teilnehmen. Außerdem wurde die Regierung aufgefordert, die sozioökonomische Situation der Rastas durch den Aufbau einer funktionierenden Infrastruktur in den Slums zu verbessern (ibid., S. 22–38). Das Ziel des Universitätsberichts war, die Lage zu entspannen und den Rastas die Möglichkeit zu geben, sich langfristig mit der übrigen jamaikanischen Gesellschaft zu arrangieren.

Premierminister Norman Manley von der People's National Party (PNP) erklärte sich tatsächlich dazu bereit, eine Delegation mit Beteiligung der Rastas nach Afrika zu schicken. Teile der jamaikanischen Öffentlichkeit reagierten jedoch mit Entsetzen auf diese überraschenden Zugeständnisse an die Rastafari-Bewegung (Dijk 1993: 142 ff.). Drei Rastas (Mortimo Planno, Douglas Mack und Filmore Alvaranga) nahmen schließlich an der *Mission to Africa* (s. Seite 81) teil. Die zweimonatige Reise (4.4. bis 3.6.1961) führte sie nach Äthiopien, wo die drei Rastas von Haile Selassie persönlich empfangen wurden, und außerdem nach Ghana, Nigeria, Liberia und Sierra Leone. Die Reise führte nicht dazu, daß die Rastas »zur Vernunft kamen« und ihre Forderung nach *Repatriation* aufgaben, wie es die Regierung wohl insgeheim erhofft hatte. Auf jeden Fall bedeuteten der Bericht der Universität und die Beteiligung der Rastas an der *Mission* aber eine erste Anerkennung der Rastafari-Bewegung durch das »offizielle« Jamaika.

**Fortsetzung der Konfrontationen (60er Jahre)**

Bei den Wahlen im April 1962 kam es in Jamaika zu einem Regierungswechsel. Der neue Premierminister, Alexander Bustamante, und seine konservative Jamaican Labour Party (JLP) widmeten der Rastafari-Bewegung nicht mehr soviel Aufmerksamkeit wie ihre Vorgänger. Forderungen der Rastas nach weiteren Afrika-Missionen wurden von der neuen Regierung ignoriert. Am 6.8.1962 wurde Jamaika unabhängig, und das offizielle Jamaika versuchte nun, ein Nationalbewußtsein aufzubauen. Die *Back-to-Africa*-Rhetorik der Rastas wurde in dieser Situation als störend und überflüssig empfunden (Dijk 1993: 163 f.).

Die Beziehungen zwischen den Rastas und der jamaikanischen Gesellschaft erhielten einen erneuten Rückschlag durch das »Holy Thursday Massacre« in Coral Gardens: Am Morgen des 11.4.1963 lief dort eine Gruppe von sechs Rastas Amok. Dabei kamen zwei Polizisten, drei weitere Personen und drei der Angreifer ums Leben. Die anderen drei konnten fliehen. Nach einer großen zweitägigen Suchaktion wurden sie entdeckt, verhaftet und später zum Tode verurteilt und hingerichtet. In diesen beiden Tagen hatte die Polizei in Montego Bay und den angrenzenden Bezirken sämtliche Rastas kontrolliert und zahlreiche von ihnen willkürlich verhaftet und mißhandelt. Obwohl es sich bei dem Amoklauf offenbar um eine gezielte Abrechnung gehandelt hatte, machte die Öffentlichkeit den angeblichen Marihuanamißbrauch der Rastas für den Ausbruch der Gewalt verantwortlich. Der jamaikanische Innenminister kündigte eine Kampagne zur endgültigen Vernichtung des Marihuanaanbaus an. Auch nach der Ergreifung der Täter kam es zu weiteren brutalen Polizeiübergriffen; zwei Rastas wurden dabei erschossen.

Ein Ereignis von besonderem historischen Wert für die Rastafari-Bewegung war der Staatsbesuch Haile Selassies in Jamaika am 21.4.1966. Die Übernahme der Begrüßungszeremonien am Flughafen durch die Rastas und die Tatsache, daß führende Rastas zu den Empfängen des äthiopischen Kaisers und sogar zu einer Privataudienz eingeladen wurden, führten zu einer starken Aufwertung der Rastas in den Augen der jamaikanischen Öffentlichkeit. Nichtsdestotrotz kam es auch weiterhin zu Konfrontationen: Am 1.7.1966 wurde das Slumgebiet Back o' Wall, in dem besonders viele Rastas lebten, geräumt und mit Bulldozern dem Erdboden gleichgemacht[9] (ibid., S. 165 ff., 179 f.).

Ende der 60er Jahre kam es zu einer gegenseitigen Beeinflussung der Rastafari- und der Black-Power-Bewegung. Der prominenteste Black-Power-Aktivist in Jamaika war Walter Rodney. Der aus Guyana stammende Rodney hatte in Kingston und in England Geschichte studiert und dann in Tansania an der Universität von Dar-es-Salaam afrikanische Geschichte gelehrt. 1968 kehrte er nach Jamaika zurück, um als Lektor für Geschichte an der University of the West Indies zu arbeiten. Er beschränkte seine Aktivitäten jedoch nicht auf den Rahmen der Universität, sondern hielt auch öffentliche Vorträge in den Straßen von Kingston, vor allem in den Slums. Rodney erkannte das revolutionäre Potential der Rastafari-Bewegung. In Vorträgen und Diskussionen vermittelte er den Rastas nicht nur wichtige Kenntnisse von afrikanischer Geschichte, er versuchte sie vor allem von der Bedeutung der Black-Power-Bewegung für das Schicksal der afrikanischen Diaspora zu überzeugen (s. Rodney 1969).

Der JLP-Regierung, die sämtliche Black-Power-Literatur verboten hatte, waren Rodneys Aktivitäten ein Dorn im Auge. Als Rodney im Oktober 1968 nach einer Konferenz in Montréal wieder nach Jamaika einreisen wollte, wurde er am Flughafen festgenommen und nach Montréal zurückgeschickt. Rodneys Verbannung führte zu Protestdemonstrationen in Kingston, an denen sich zahlreiche StudentInnen, Black-Power-AktivistInnen, Rastas und Jugendliche aus den Slums beteiligten. Bei Auseinandersetzungen mit der Polizei kamen drei Demonstranten ums Leben, viele wurden verletzt und verhaftet. Im Oktober 1969 veranstalteten ca. 500 Rastas eine Demonstration in St. Ann's Bay. Sie protestierten gegen die Zustände in Jamaika, vor allem gegen die willkürlichen Übergriffe der Polizei. Im selben Jahr wurden die beiden seit 1968 ausgestrahlten wöchentlichen Rasta-Radiosendungen, *The Lion of Judah Time* und *Speak Love*, verboten (Dijk 1993: 181 ff.).

**Rastafari taking over? (70er Jahre)**

Die wachsende Popularität der Rastafari-Bewegung war weder durch Verbote noch durch Polizeigewalt aufzuhalten. Die bis Mitte der 60er Jahre in der jamaikanischen Öffentlichkeit vorherrschende Sichtweise, die Rastafari-Bewegung sei eine Ansammlung Wahnsinniger und gewalttätiger Krimineller, änderte sich Ende der 60er/Anfang der 70er Jahre grundlegend. Entscheidenden Anteil daran hatte die Ende der 60er Jahre aus Ska und Rock Steady hervorgegangene Reggae-Musik. In den 60er und 70er Jahren waren sehr viele jamaikanische Reggae-Sänger entweder selbst Rastas oder übernahmen in ihren Texten die Rhetorik der Rastas. Malereien und Skulpturen von Rasta-Künstlern erweckten erstmals das Interesse der jamaikanischen Öffentlichkeit. Außerdem bekannten sich nun immer mehr junge Angehörige der Mittelklasse zu Rastafari, während sich die Bewegung vorher weitgehend auf die Unterschicht beschränkt hatte (Nettleford 1972: 54 f., 94).

Der gewachsene gesellschaftliche Einfluß der Rastafari-Bewegung zeigte sich im Wahlkampf von 1972, als die Spitzenkandidaten der beiden großen Parteien JLP (Jamaica Labour Party) und PNP (People's National Party), vor allem Michael Manley (PNP), Rasta-Symbole benutzten, um die Gunst der Wähler zu erlangen (Dijk 1993: 200; Kuper 1976: 105). Die PNP gewann schließlich die Wahlen von 1972 und 1976. Die Manley-Regierung, die einen »demokratischen Sozialismus« propagierte und wichtige soziale Reformen durchsetzte, war den Rastas gegenüber positiver eingestellt als jede andere jamaikanische Regierung. Während Michael Manleys Amtszeit erreichte die Popularität der Rastafari-Bewegung in Jamaika ihren Höhepunkt.[10] Allerdings gab es auch weiterhin Probleme für die Rastas. Marihuana blieb auch unter der neuen Regierung illegal, so daß es nach wie vor zu regelmäßigen Konfrontationen mit der Polizei kam. Außerdem eskalierte in den 70er Jahren die politische Gewalt in Jamaika: Vor allem in den Slums von Kingston fanden immer häufiger Schießereien zwischen in Gangs organisierten, von Politikern der beiden Parteien bezahlten *Gunmen* statt.[11]

Haile Selassies Sturz im September 1974 und die Nachricht von seinem Tod 1975 bedeuteten keinesfalls das Ende der Rastafari-Bewegung. Vielmehr ermöglichte der Aufstieg des Rasta-Reggae-Sängers Bob Marley zum »ersten Superstar der Dritten Welt« (Ewens 1995: 38) eine internationale Verbreitung der Reggae-Musik und – wenn auch in geringerem Ausmaß – der Rastafari-Bewegung. In England gab es bereits vorher einige Rastas, vor allem unter den Immigranten aus Jamaika. Auch in einigen Ländern der Karibik, insbesondere in Trinidad und Grenada, existierten seit Anfang der 70er Jahre Rastafari Gruppen. Doch erst mit dem internationalen Erfolg Bob Marleys erreichte die Botschaft von Rastafari den »Rest der Welt«. Heute gibt es auch in den USA, in Kanada, in Neuseeland[12] sowie in verschiedenen europäischen und afrikanischen Ländern eine relativ große Anzahl von Rastas (Dijk 1993: 233–266).

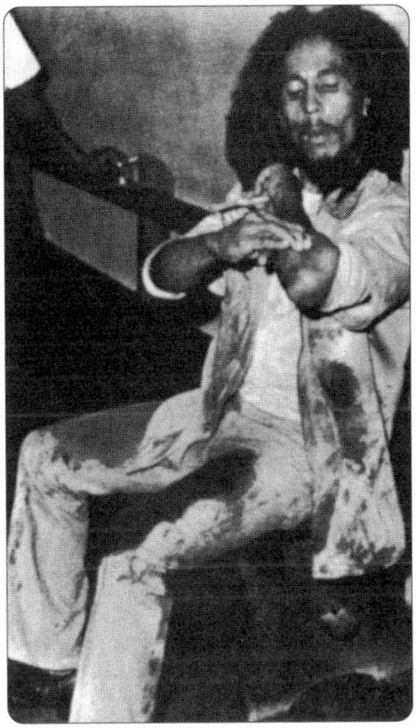

Bob Marley inspiziert seine Wunden, nachdem er ein Attentat unerkannter Gunmen überlebt hat (3.12.1976).

Bob Marley starb am 11.5.1981 an Krebs. Wenige Wochen vor seinem Tod wurde ihm von Premierminister Edward Seaga (JLP) die »Order of Merit«, eine der höchsten jamaikanischen Auszeichnungen, verliehen. Marley erhielt ein offizielles Staatsbegräbnis. 24000 Menschen versammelten sich zu den Feierlichkeiten in der National Arena in Kingston, darunter Tausende von Rastas. Die Tatsache, daß ein Rasta in dieser Weise vom offiziellen Jamaika geehrt wurde, verdeutlicht, in was für einem Ausmaß sich das Image der Rastafari-Bewegung innerhalb der jamaikanischen Gesellschaft in den 70er Jahren gewandelt hatte.

### Slackness vs. Consciousness (1981–heute)

Vom 23. bis zum 25.7.1982 fand in Toronto die erste internationale Rastafari-Konferenz statt. Weitere folgten in unregelmäßigen Abständen (ibid, S. 267–271). Wichtiger für die Verbreitung der Rasta-Botschaft waren und sind jedoch informelle Kontakte und die elektronischen Medien. So existiert inzwischen eine Fülle von Internetseiten zum Thema Rastafari.

Die Popularität der Reggae-Musik führte zu einer Kommerzialisierung von Rasta-Symbolen. Seit den 70er Jahren gibt es daher sehr viele »Mode-Rastas« bzw. »Designer-Dreads«, die zwar Rasta-Symbole wie *Dreadlocks*, Marihuanakonsum oder die Farben der äthiopischen Flagge (rot-gold-grün) oberflächlich übernehmen, aber ansonsten mit Rastafari-Ideen nichts zu tun haben. Die extremsten Pseudo-Rastas sind sicherlich die sogenannten *Rent-A-Dreads*, junge Männer mit *Dreadlocks*, die sich für europäische und nordamerikanische Touristinnen prostituieren (ibid., S. 294 ff.). In den Medien werden die »Pseudo-Rastas« oft als typisch für die Rastafari-Bewegung dargestellt. So wurde teilweise ein völlig falsches Bild der Rastafari-Bewegung konstruiert.

Nach der Übernahme der Regierung durch die konservative JLP (1980) und dem Tod Bob Marleys (1981) nahm der gesellschaftliche Einfluß der Rastafari-Bewegung in Jamaika in den 80er Jahren stark ab. Hinzu kam, daß Kokain in immer größeren Mengen auf die Insel geschmuggelt wurde und in den jamaikanischen *Dancehalls* bald wesentlich gefragter war als Marihuana. Dementsprechend änderte sich der Rhythmus der Musik. Der von Rastafari inspirierte Roots-Reggae galt nun als altmodisch. Stattdessen prägten computerisierte Rhythmen und *Slackness*-Texte – das heißt Texte, in denen so detailliert und variantenreich wie möglich über Sex gesprochen wird – den neuen Reggae-Trend. Bis Anfang der 90er Jahre waren *Sex & Crime* und materielle Werte die klar dominierenden Inhalte in den Texten des Dancehall-Reggae (s. Habekost 1994a; 1994b; Wynands 1995: 179 ff.).

Die massive Rückkehr von Texten mit Rastafari-Inhalten im *Dancehall-Reggae* seit Mitte der 90er Jahre ist jedoch ein deutliches Anzeichen dafür, daß die Rastafari-Bewegung als gesellschaftliche Kraft in Jamaika immer noch eine wichtige Rolle spielt. Der neue *Consciousness*-Stil verbindet *Roots-* und *Dancehall*-Elemente, die Liedtexte propagieren eine Rückbesinnung auf Rastafari-Werte und eine radikale Ablehnung von *Slackness*. In den verbalen Auseinandersetzungen zwischen den Reggae-Stars Capleton und Beenieman spiegeln sich die aktuellen Gegensätze zwischen orthodoxen (unter anderem Bobo-Dreads und House of Nyabinghi) und liberalen Rastas (unter anderem Twelve Tribes of Israel) wider (Köhlings, Lilly 2000).

## Organisation der Bewegung

Die Rastafari-Bewegung war nie eine homogene Einheit. Schon in ihrer Entstehungsphase gab es verschiedene Gruppen, und seit den 50er Jahren besteht die Bewegung aus zahlreichen kleinen Gruppen, die durch regelmäßige Kontakte, vor allem in den Slums von Kingston, aber auch in den ländlichen Gebieten, ein informelles Netzwerk bilden. Die *Yards* und *Camps* der Rastas sind die Knotenpunkte in diesem Netzwerk. Die Rastafari-Bewegung insgesamt ist bis heute akephal, also ohne zentralisierte Aktivität, geblieben. Die meisten Rastas gehören keiner formellen Rasta-Organisation an.[13] Innerhalb bestimmter Rasta-Organisationen bzw. -Gruppen gibt es unterschiedlich stark ausgeprägte Hierarchisierungen, und führende Persönlichkeiten wie Leonard Howell, Prince Emmanuel, Claudius Henry oder Prophet Gad werden bzw. wurden von ihren Anhängern sogar als göttliche Wesen verehrt (Dijk 1993: 188 f.). Versuche einzelner Rastas, für die gesamte Bewegung zu sprechen, sind jedoch stets gescheitert.

Aufgrund dieser Heterogenität sind Verallgemeinerungen über *die* Rastas, besonders seit der internationalen Verbreitung der Bewegung, nicht angebracht. Schon der UCWI-Bericht von 1960 betonte, daß es völlig unterschiedliche Rastas mit ebenso unterschiedlichen Ansichten gebe (Augier, Nettleford, Smith 1960: 22 ff.). Auch oder gerade bei so zentralen Punkten wie der Frage nach der Bedeutung Haile Selassies oder der Forderung nach *Repatriation* gehen die Meinungen auseinander. So verehren viele Rastas Selassie als Gott, für einige spielt der äthiopische Kaiser jedoch überhaupt keine Rolle (s.z.B. Faith 1990: 306 ff.). Genausowenig herrscht Einigkeit in der Frage, ob mit *Repatriation* eher eine physische oder eine spirituelle Rückkehr nach Afrika gemeint ist. Außerdem umstritten sind unter anderem die Rolle von Nahrungstabus und Marihuana sowie die Beziehungen zwischen Rasta-Männern und Rasta-Frauen. Die Einstellungen der einzelnen Rastas variieren dabei von orthodox bis liberal.

Da es konkrete Vorschriften und Regeln nur in einzelnen Gruppen, nicht aber für die ganze Rasta-Bewegung gibt, ist prinzipiell jeder Rasta frei, in den einzelnen Fragen individuelle Entscheidungen zu treffen. Dies wird mit dem Rasta-Slogan *Man free* ausgedrückt. Der soziokulturelle Kontext, in den ein Rasta-Individuum oder eine Rasta-Gruppe eingebunden ist, muß jedoch berücksichtigt werden.[14] Dabei spielen folgende Aspekte eine Rolle:

1) politisch-historischer Kontext: In welchem Land lebt das Individuum/ die Gruppe?
2) urbaner oder ruraler Kontext: Lebt das Individuum/die Gruppe in einer Stadt oder auf dem Land?
3) sozioökonomischer Kontext, in den das Individuum/die Gruppe eingebunden ist;
4) Gender: Ist das Individuum ein Mann oder eine Frau?
   Welche genderspezifischen Regeln gibt es innerhalb (und außerhalb) der Gruppe?

Wenn also in diesem Buch von *den* Rastas oder *der* Rastafari-Bewegung die Rede ist, so ist dabei zu berücksichtigen, daß Verallgemeinerungen nicht für alle Rastas gelten können. Nichtsdestotrotz gibt es bestimmte Symbole und Praktiken, die in der gesamten Rastafari-Bewegung sehr weit verbreitet sind. Rasta-Symbole sind dynamisch, das heißt, ihre Interpretation ist von dem jeweiligen Kontext bzw. Diskurs abhängig. So kann die Bedeutung bestimmter Rasta-Symbole in verschiedenen Diskursen und zu verschiedenen Zeiten variieren. Die Rasta-Symbole und -Rituale, die sich auf Afrika beziehen, waren und sind in Jamaika – und inzwischen auch außerhalb von Jamaika – von zentraler Bedeutung für einen sehr großen Teil der Rastafari-Bewegung. Einige Symbole und Rituale spielen nur in bestimmten Gruppen eine Rolle. Wo dies der Fall ist, wird im Text darauf hingewiesen.

Im folgenden sollen die wichtigsten Rastafari-Organisationen sowie die beiden äthiopischen Organisationen in Jamaika, denen sich ebenfalls einige Rastas angeschlossen haben, kurz vorgestellt werden.

**House of Nyabinghi**

Das House of Nyabinghi (Royal Ethiopian Judah Coptic Church / Haile Selassie I Theocracy Government / Nyabinghi Order) ist ein loser Verbund orthodoxer Rastas. Es gibt keine formelle Mitgliedschaft, stattdessen gilt das Prinzip der »free association«: Das *House* ist für alle orthodoxen Rastas offen. Nicht ein formeller Beitritt ist entscheidend, sondern die aktive Teilnahme an den regelmäßig stattfindenden *Nyabinghi*-Veranstaltungen (s. Seite 93 ff.). Diese werden in der Regel von den *Elders* organisiert, einem ca. 100 Individuen umfassenden Kern von Rasta-Autoritäten.[15] Die *Yards* der *Elders* sind zentrale Treffpunkte, die für den Rasta-Diskurs und für die »orale Tradition« der Rastas sehr wichtig sind.

Das House of Nyabinghi propagiert die konsequente Einhaltung der ungeschriebenen Gesetze der *Rasta-Livity*, unter anderem Nahrungs- und Reinheitstabus. Von den *Elders* wird erwartet, daß sie in dieser Beziehung eine Vorbildfunktion erfüllen. Außerdem wird während der *Nyabinghis* darauf geachtet, daß sich alle Teilnehmer gemäß der *Livity*-Regeln verhalten, während im Alltag jeder Rasta für sich selbst entscheiden muß, wie konsequent er sie anwendet. Seit Mitte der 80er Jahre haben wiederholt kleine Gruppen von *Nyabinghi-Elders* Reisen (*Trods*) zu Rasta-Gemeinschaften außerhalb Jamaikas durchgeführt. Auf der zweiten internationalen Rasta-Konferenz in Kingston wurde die Autorität des House of Nyabinghi bezüglich der *Rasta-Livity* anerkannt (Homiak 1994b: 51 ff.).

**Twelve Tribes of Israel**

Die Twelve Tribes of Israel sind die Rasta-Organisation mit der stärksten internationalen Ausrichtung. Zweige der Twelve Tribes existieren in Äthiopien, Ghana, Kenia, Grenada, Trinidad, in den USA, England, Deutschland, Schweden, Australien und Neuseeland (Adam 1998). Die Twelve Tribes wurden 1968 von Prophet Gad als eine Abteilung der Ethiopian World Federation (EWF) gegründet, sie spalteten sich jedoch 1972 von ihr ab. Seit der Gründung werden sie von Prophet Gad geleitet, der in allen Angelegenheiten als absolute Autorität gilt (Dijk 1993: 288 ff.).

In umstrittenen Fragen wie der Beteiligung von Frauen an Ritualen oder der Einhaltung von Nahrungstabus und Kleidervorschriften gelten die Twelve Tribes als die liberalste Rasta-Organisation. Der Anteil weiblicher Mitglieder und finanzkräftiger Mitglieder ist bei ihnen deutlich höher als bei allen anderen Rasta-Organisationen.[16] Anders als orthodoxe Organisationen akzeptieren die Twelve Tribes auch weiße Mitglieder. Die einzige Bedingung, die an die Mitglieder gestellt wird, ist die Bezahlung eines Mitgliedsbeitrags. Außerdem wird von den Mitgliedern erwartet, daß sie an den regelmäßig stattfindenden Treffen sowie an den von den Twelve Tribes organisierten Konzerten teilnehmen und daß sie täglich in der Bibel lesen (»a chapter a day«). Die biblische Figur des Jesus Christus steht bei den Twelve Tribes wesentlich stärker im Mittelpunkt als Haile Selassie.

Sizzla ist einer der Reggae-Stars, die sich den Bobos angeschlossen haben.

### Bobo Dreads

Die Bobo Dreads (Ethiopia Africa International Congress) verehren eine Heilige Dreieinigkeit, bestehend aus Haile Selassie (König), Marcus Garvey (Prophet) und Emmanuel (Priester) (Chevannes 1994e: 179). Prince Emmanuel Charles Edwards war in den 30er Jahren ein Anhänger Marcus Garveys und ein Revival-Prediger, bevor er sich in den 40er Jahren der Rastafari-Bewegung anschloß. Die von ihm 1958 organisierte *Convention* gilt als die bis dahin größte Zusammenkunft von Rastas überhaupt. 1966 wurde Prince Emmanuel von Haile Selassie bei dessen Staatsbesuch in Jamaika persönlich empfangen. Er schüttelte dem Kaiser die Hand, ohne seine Handschuhe vorher auszuziehen. Was für viele Rastas eine unverzeihliche Respektlosigkeit bedeutete, war für Emmanuels Anhänger ein Beweis dafür, daß der Prince mit Selassie auf einer Stufe stehe. Seitdem wird Emmanuel von den Bobos ebenfalls als »schwarzer Gott« verehrt. Außerdem gilt er für sie auch als die Reinkarnation des biblischen Hohepriesters Melchisedek[17] (Naliwaiko 1982: 124).

Das Zentrum der Bobo Dreads ist seit 1972 die Kommune in Bull Bay, ca. 15 Kilometer östlich von Kingston. Beim Betreten der Kommune müssen Besucher alle materiellen Dinge in einem Raum (*guardhouse*) abgeben. Die Bobos bauen in ihrer Kommune Gemüse an. Ihre einzige finanzielle Einnahmequelle ist der Verkauf von selbstgefertigten Besen. Die Mitglieder der Bobo-Kommune haben keinen Privatbesitz; die Einnahmen aus dem Besenverkauf kommen in einen gemeinsamen Topf. Durch den Besenverkauf drücken die Bobos ihre Identifizierung mit den Israeliten aus, die in der babylonischen Gefangenschaft Ziegel aus Stroh herstellen mußten. Außerdem stehen die Besen als Symbol für die spirituelle Reinigung, die als Voraussetzung für die Rückkehr nach *Zion* bzw. Afrika gilt.

Die männlichen Mitglieder bezeichnen sich entweder als *Prophets* oder als *Priests*. Nur die *Priests* dürfen Gottesdienste leiten. Die Bobos haben besonders strenge Reinheitstabus, vor allem für menstruierende Frauen. Alle Bobos tragen Turbane, die ihre *Dreadlocks* als Schutz gegen die Blicke Ungläubiger vollständig bedecken müssen. Aufgrund ihrer Vorschriften und Rituale nehmen die Bobos innerhalb der Rastafari-Bewegung eine Sonderstellung ein (Chevannes 1994e: 171–188; Lewis 1993: 10). Nach Emmanuels Tod 1994 kam es innerhalb der *Bobo-Community* zu Machtkämpfen, die zur Abspaltung eines Teils der Gruppe führten. Nichtsdestotrotz sind die Bobo Dreads in Jamaika seit Mitte der 90er Jahre sehr populär, da einige der Protagonisten des *Consciousness*-Reggae Bobos sind, zum Beispiel Sizzla, Capleton und Anthony B. (Köhlings, Lilly 2000).

### Rastafarian Movement Association / Rastafari International Theocracy Assembly

Die Rastafarian Movement Association (RMA) wurde 1969 gegründet. Seitdem organisiert sie Projekte für Jugendliche aus den Slums von Kingston, Workshops für Rastafari-Künstler und juristische Unterstützung von Rastas. Außerdem bringt sie eine Monatszeitschrift, *Rasta Voice*, heraus. Anders als andere Rasta-Organisationen, die sich weitgehend von den »Politricks« fernhalten, rief die RMA die Rastas wiederholt dazu auf, sich politisch zu engagieren. Ihre Bemühungen, die Bewegung politisch zu organisieren und zu zentralisieren, waren aber alles in allem erfolglos. Anfang der 80er Jahre wurde die RMA in Rastafari International Theocracy Assembly (RITA) umbenannt (Dijk 1993: 188, 275).

### Mystic Revelation of Rastafari

Die Mystic Revelation of Rastafari (MRR), die aus der gleichnamigen Band des legendären Nyabinghi-Trommlers Count Ossie hervorging, betreibt seit 1974 ein *Community Center* in Kingston. Sie unterstützt in erster Linie Rasta-Musiker, betreibt aber auch eine Bücherei und Werkstätten für Rasta-Künstler.

### Ethiopian World Federation / Imperial Ethiopian World Federation

Die Ethiopian World Federation (EWF) wurde 1937 in New York gegründet. Ihr Ziel war zunächst die Koordination der internationalen Unterstützung des äthiopischen Widerstandes während der italienischen Besatzung. Die EWF errichtete Zweige in anderen US-Metropolen und in der Karibik. Die erste jamaikanische EWF-Abteilung (*Local 17*) wurde 1938 eröffnet (Campbell 1985: 111 ff.). Nachdem die EWF 1955 bekanntgegeben hatte, daß Haile Selassie den Angehörigen der afrikanischen Diaspora ein Stück Land in Äthiopien zur Verfügung stelle, gründeten verschiedene jamaikanische Rasta-Gruppen zahlreiche neue EWF-Abteilungen, die aber nur teilweise von der New Yorker Zentrale anerkannt wurden.

1983 kam es zu einer Umstrukturierung und Neuorientierung der EWF. In den USA spielte die EWF seit Selassies Sturz praktisch keine Rolle mehr. Asfa Wossen, Selassies Kronprinz, der seit 1974 in London im Exil lebte, erklärte am 1.7.1983 das Ende der alten EWF. Die Nachfolgeorganisation mit dem Namen Imperial Ethiopian World Federation (IEWF) sollte nur noch zwei Abteilungen umfassen: das Asfa Wossen Local 1 in England und das Zara Yacob Local 2 in Jamaika. Im Programm der neuen IEWF wurden unter anderem die Organisation und Zentralisierung der Rastafari-Bewegung sowie Verhandlungen mit afrikanischen Staaten über *Repatriation* als offizielle Ziele festgelegt. Asfa Wossens zentrales Anliegen war jedoch der Sturz des Mengistu-Regimes und die Wiedereinsetzung der Monarchie. Vertreter der IEWF erklärten, *Repatriation* nach Äthiopien sei erst nach dem Ende der kommunistischen Herrschaft möglich (Dijk 1993: 239 ff.).

Inzwischen hat die Organisation auch eine politische Partei gegründet, die Imperial Ethiopian World Federation Political Party (IEWFPP). Die IEWFPP hat das erklärte Ziel, die Belange der Rastas in der Tagespolitik zu vertreten. Die meisten Rastas außerhalb der IEWF lehnen die Partei jedoch ab. 1997 trat die IEWFPP erstmals zu den jamaikanischen Wahlen an und erreichte dabei nur eine minimale Anzahl von Stimmen (Hardy 1998).

### Ethiopian Orthodox Church

Im Auftrag Haile Selassies eröffnete Bischoff Mariam Mandefro 1970 eine Abteilung der Ethiopian Orthodox Church (EOC) in Kingston. Einige Rastas schlossen sich daraufhin der äthiopischen Kirche an. Die Möglichkeit, durch die EOC eine direkte Verbindung mit Äthiopien und dem äthiopischen Christentum herzustellen, sowie die Tatsache, daß Haile Selassie das höchste Mitglied dieser Kirche war, machten die EOC sehr attraktiv für die Rastas. Viele von ihnen wurden aber enttäuscht und verließen die EOC bald wieder. Die wichtigsten Gründe für diese Enttäuschung waren:

1) die Weigerung der EOC-Priester, die Göttlichkeit Selassies anzuerkennen;
2) die hierarchische Struktur der EOC;
3) die Taufe im Namen von Yesus Christos;
4) die Durchführung von Bestattungszeremonien;[18]
5) das Abhalten von Gottesdiensten in Kirchengebäuden
(Dijk 1993: 192 ff.; Owens 1982: 128, 140, 176).

Anderen Rastas gelang es, ihren Glauben mit den Praktiken der äthiopischen Kirche in Einklang zu bringen, und sie blieben in der EOC (Dijk 1993: 329).

## Die Rastafari-Bewegung als neue religiöse Bewegung

In früheren wissenschaftlichen Publikationen wurde die Rastafari-Bewegung als messianistischer und/oder milleniaristischer Kult bezeichnet (z. B. Simpson 1957; Augier, Nettleford, Smith 1960; Kitzinger 1966), und ein Autor (Barrett 1977) versuchte, die Rastas als Revitalisierungsbewegung zu definieren. Zwar gibt es in der Rastafari-Bewegung messianistische und milleniaristische Tendenzen. Die gesamte Bewegung, die sehr heterogen und komplex ist, auf diese beiden Aspekte zu reduzieren, halte ich jedoch für einen Fehler. Hinzu kommt, daß der Begriff »Kult« meist abwertend gebraucht wird, da er in der Regel mit Aberglaube assoziiert wird. Und auch Barretts Versuch, die Rastas in ein vorgefertigtes Schema zu pressen, nimmt auf die Dynamik und Heterogenität der Rastafari-Bewegung keine Rücksicht.

Eine flexiblere, dynamischere Bezeichnung erscheint daher angebracht. Meiner Meinung nach ist es sinnvoll, die Rastafari-Bewegung als »neue religiöse Bewegung« zu definieren: Nach Krech (1999: 56 ff.) distanzieren sich neue religiöse Bewegungen von etablierten Organisationen, deren religiöse Praxis von ihnen als erstarrt angesehen wird, indem sie wesentlich flexiblere, lebendigere Formen religiöser Interaktion entwickeln. Krech definiert neue religiöse Bewegungen folgendermaßen:

- »Eine (neue) religiöse Bewegung ist entweder ein Netzwerk von informellen Beziehungen zwischen Individuen, Gruppen und/oder Organisationen oder ein ›mobilisierender kollektiver Akteur‹. Sie konstituiert sich durch eine kollektive

> Identität nach innen (inklusive des Selbstverständnisses als religiöse Protestbewegung) und eine Abgrenzung nach außen (inklusive der Definition eines gemeinsamen ›Gegners‹). Sie verfolgt mit einer gewissen Kontinuität auf der Grundlage hoher religiös-symbolischer Integration und geringer Rollenspezifikation mittels variabler Organisations- und Aktionsformen das Ziel, auf der Grundlage einer (neu gewonnenen oder reaktivierten) religiösen Überzeugung einschneidenden sozialen und kulturellen Wandel herbeizuführen, zu verhindern oder rückgängig zu machen. Eine religiöse Bewegung konstituiert ein eigenes sozialmoralisches Milieu, das ihren Trägern einen mehr oder weniger verbindlichen Lebensstil vorgibt.«

Das Adjektiv *neue* bezieht sich darauf, daß diese Art von religiösen Bewegungen Elemente aus verschiedenen alten, etablierten Religionen neu miteinander kombiniert und interpretiert. Krechs Definition neuer religiöser Bewegungen trifft, wie wir sehen werden, in allen wesentlichen Punkten auf die Rastafari-Bewegung zu.

# teil 2:
# konstruktion von identität in der afrikanischen diaspora

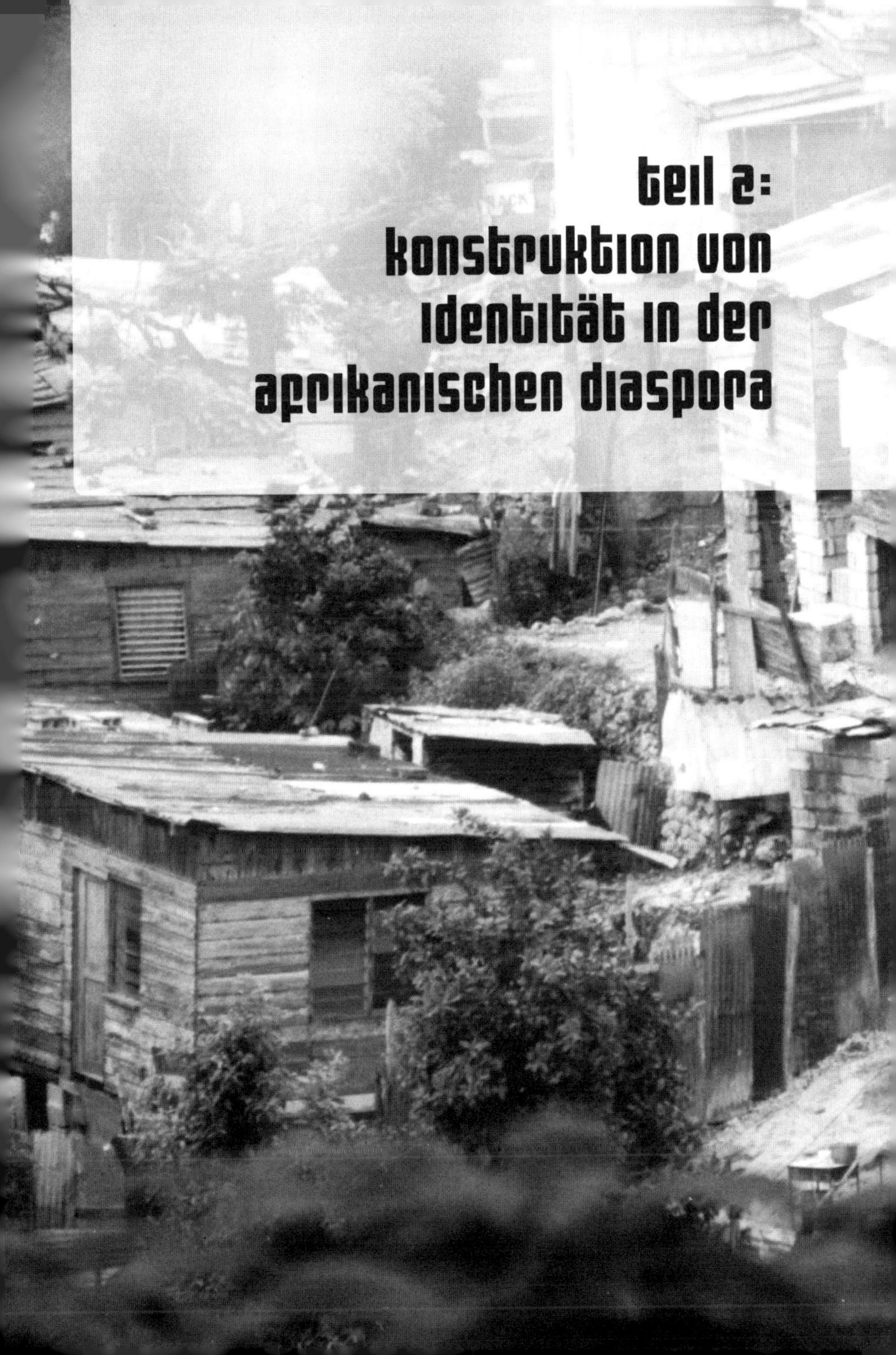

### Der Identitätsbegriff

In jüngerer Zeit hat sich in den westlichen Geisteswissenschaften[19] die Auffassung durchgesetzt, daß Identität nicht statisch ist, also kein abgeschlossener Zustand, sondern ein ständig fortschreitender, dynamischer Prozeß: Identität ist nicht angeboren. Vielmehr ist Identitätsbildung immer in einen sozialen, historischen und politischen Kontext eingebunden. Erst durch soziale Interaktion und durch die Konstruktion von Differenz, das heißt durch die Abgrenzung von »Anderen«, wird Identitätsbildung ermöglicht. Identität bezeichnet daher keine Substanz, sondern einen Prozeß, einen dynamischen Identifikations- und Abgrenzungsprozeß innerhalb bestimmter Diskurse (Burkitt 1991: 189 ff.; Hofbauer 1997: 576).

Assmann (1992: 130–134) definiert Identität als das »Reflexivwerden eines unbewußten Selbstbildes«. Personale und kollektive Identität bedingen sich gegenseitig. Kollektive Identität ist »das Bild, das eine Gruppe von sich aufbaut und mit dem sich deren Mitglieder identifizieren«. Antagonismus, die kontrastive Abgrenzung gegenüber anderen Gruppen (»antagonistische Solidarisierung«), gehört nach Assmann zu den Grundbedingungen kollektiver Identität.

### Kulturelle Identität

Die kulturelle Identität definiert Assmann als »reflexiv gewordene Teilhabe an bzw. das Bekenntnis zu einer Kultur«. Die »antagonistische Solidarisierung«, die für kollektive Identitäten charakteristisch ist, erfolgt im Falle von kultureller Identität durch die Artikulation von Chaos-Fiktionen. Die Konstruktion einer kulturellen Identität beruht also auf der Konstruktion des Gegensatzes zwischen Kultur bzw. Zivilisation auf der einen und Natur bzw. Wildnis auf der anderen Seite. Die Kultur ist die »symbolische Sinnwelt«, mit der sich eine Gruppe von Chaos und Wildnis distanziert. Dieser »in gemeinsamer Sprache, gemeinsamem Wissen und gemeinsamer Erinnerung kodierte und artikulierte *kulturelle Sinn*« wird in der ständigen Interaktion zwischen den Mitgliedern einer Gruppe gebildet und immer wieder neu formuliert. Kulturelle Identität ist also nicht statisch, sondern verändert sich in einem dynamischen Prozeß. Entscheidend ist außerdem, daß Kulturen keineswegs homogene Einheiten sind: »Innerhalb einer Kultur als einer Makro-Formation gibt es eine Menge kultureller Sub-Formationen« (Assmann 1992: 134–140).

Definitionen von kultureller Identität können von dominanten Gruppen innerhalb einer Gesellschaft dazu benutzt werden, schwächere Gruppen zu unterdrücken. Andererseits können dominierte Gruppen eine eigene kulturelle Identität definieren, und diese Definition kann dann dem Widerstand gegen die dominante Gruppe dienen (Larrain 1994: 162 ff.). Beispiele für diese zweite Möglichkeit finden sich in der afrikanischen Diaspora.

**Kulturelle Identität in der afrikanischen Diaspora**

Der Begriff *Diaspora* bezog sich zunächst nur auf die seit der babylonischen Gefangenschaft in verschiedenen Ländern außerhalb Palästinas lebenden Juden. Seit den 60er Jahren ist er auch als wissenschaftliche Bezeichnung für die Gesamtheit der außerhalb Afrikas lebenden Menschen afrikanischer Herkunft (vor allem die Nachfahren der im transatlantischen Sklavenhandel verschleppten AfrikanerInnen), anerkannt (Drake 1993: 452). Eine Diaspora besteht in der Regel aus mehreren, auf verschiedene Staaten verteilten *Communities* (Clifford 1994: 304). Aufgrund der internationalen Verbindungen zwischen diesen *Diaspora-Communities* und ihrer gemeinsamen (individuell jedoch unterschiedlich stark ausgeprägten) Identifizierung mit der ursprünglichen Heimat[20] überschreiten Diaspora-Diskurse Staatsgrenzen. Sie stehen damit in Opposition zu modernistischen nationalstaatlichen Diskursen, die ihre kulturelle Identität innerhalb bestimmter räumlicher, zeitlicher und sprachlicher Grenzen definieren. Die Differenzen zwischen dem Diaspora-Diskurs und dem dominanten nationalstaatlichen Diskurs können nach Clifford zu Konflikten führen:

- »Peoples whose sense of identity is centrally defined by collective histories of displacement and violent loss cannot be ›cured‹ by merging into a new national community. This is especially true when they are the victims of ongoing, structural prejudice.«

Allerdings sind Angehörige einer Diaspora nie ausschließlich auf ihr Heimatland fixiert, sondern stets auch damit beschäftigt, ihre Position in dem Staat, in dem sie leben, zu definieren. Es gibt gleichzeitig separatistische und assimilatorische Tendenzen innerhalb einer Diaspora.

Die Konstruktion von kultureller Identität innerhalb einer Diaspora erfolgt einerseits als positive Identifizierung mit den »ursprünglichen« kulturellen Kräften (zum Beispiel mit Afrika) und andererseits als Widerstand gegen (rassistische) Diskriminierung und (ökonomische) Marginalisierung. Außerdem wird sie von bestimmten historischen Brüchen beeinflußt. Im Falle der *afrikanischen Diaspora* handelt es sich dabei vor allem um die Sklaverei und die Kolonialisierung, das heißt um Erlebnisse von Vertreibung, Exil, Unterdrückung, Ausbeutung und Marginalisierung. Die Erinnerungen an diese Brüche, die im Gegensatz zu der angeblich geradlinigen Geschichte von Staaten stehen, werden auch unter veränderten Umständen wachgehalten (ibid., S. 307–317).

Der Begriff afrikanische Diaspora umfaßt eine Vielzahl unterschiedlicher Individuen und Gruppen; er bezieht sich keineswegs auf eine bestimmte nationale oder ethnische Einheit. Die Rastas sind ein Teil dieser Diaspora, eine Bewegung – ebenfalls nicht einheitlich, sondern heterogen – innerhalb des Konglomerats afrikanische Diaspora. Hall (1990: 222–237) unterscheidet zwei Formen von kultureller Identität in der afrikanischen Diaspora:

1) Die erste Konzeption geht davon aus, daß eine allen Mitgliedern gemeinsame kulturelle, afrikanische Substanz existiert, die auf gemeinsamen historischen Erfahrungen und afrikanischen kulturellen Normen beruht. Um in der afrikanischen Diaspora eine kulturelle Identität zu konstruieren, ist es nach dieser Auffassung notwendig, nach dem Ausdruck dieser Essenz, das heißt nach positiven, »ursprünglichen« afrikanischen Werten und Eigenschaften, zu suchen.

2) Die zweite Konzeption beschränkt sich nicht auf die Suche nach Kontinuitäten, sondern erkennt die Realität der historischen Brüche an. Nach dieser Auffassung ist kulturelle Identität keine klar abgrenzbare, unveränderliche Substanz. Vielmehr ist sie historisch bedingt und wird innerhalb eines dynamischen Prozesses immer wieder neu definiert. Diese Definitionen von kultureller Identität sind Positionierungen innerhalb des allgemeinen historischen und kulturellen Diskurses. Kulturelle Identität ist also nichts Festes, sie ist nicht garantiert und sicher, sondern muß immer wieder ausgehandelt werden. (Hall spricht in diesem Zusammenhang treffend von »politics of identity«). Die historischen Brüche können nicht rückgängig gemacht werden, sondern gehören ebenso zum Prozeß der kulturellen Identitätsbildung

wie die historischen Kontinuitäten. Das Trauma der Versklavung und seine Konsequenzen werden also von dieser zweiten Perspektive nicht ausgeblendet. Der Begriff »kulturelle Identität in der afrikanischen Diaspora« bezieht sich demnach nicht auf eine unveränderliche Essenz, sondern umfaßt viele unterschiedliche, in dynamischen Prozessen konstruierte Formen. Eine konkrete Rückkehr zu einem postulierten ursprünglichen Afrika und die tatsächliche Wiederentdeckung einer afrikanischen kulturellen Essenz sind nach dieser zweiten Auffassung von kultureller Identität nicht möglich. Hall betont die Notwendigkeit einer historischen Perspektive:

> »The original Africa is no longer there. It too has been transformed. History is, in that sense, irreversible. We must not collude with the West which, precisely, normalises and appropriates Africa by freezing it into some timeless zone of the primitive, unchanging past. Africa must at last be reckoned with by the Caribbean people, but it cannot in any simple sense be merely recovered« (S. 231).

Es ist für die Menschen in der afrikanischen Diaspora also nicht möglich, allein durch die Entdeckung von Spuren ihres afrikanischen Erbes eine afrikanische kulturelle Identität zu konstruieren. Hall betont jedoch, daß »das alte Afrika« als spirituelle Metapher von zentraler Bedeutung für die afrikanische Diaspora ist. Er verweist auf den entscheidenden Beitrag der Rastafari-Bewegung zur symbolischen Wiederentdeckung Afrikas in der afrikanischen Diaspora, vor allem in der Karibik.

Die Rastas erkennen die Versklavung als entscheidenden Bruch und versuchen, diesen Bruch symbolisch zu kitten. Sie konstruieren ihre afrikanische Identität neu, indem sie historische Einflüsse verarbeiten. Ihr Ziel ist es nicht, die Vergangenheit zu rekonstruieren, sondern vielmehr eine symbolische Verbindung mit der Vergangenheit, mit Afrika, zu konstruieren und so den Bruch zu kitten. Ihre Konstruktion einer afrikanischen Identität erfolgt nicht unabhängig von ihrer historisch bedingten Situation, sondern ist zunächst vor allem eine Dekonstruktion des eurozentrisch-rassistischen Diskurses.

Hall, der selbst in Kingston aufwuchs, sagt, daß in der jamaikanischen Bevölkerung keinerlei positives »afrikanisches Bewußtsein« existiert habe, obwohl Afrika im jamaikanischen Alltag (unter anderem in Sprache, Religion, Musik) immer präsent gewesen sei. Im Gegenteil: Die Normen und Werte des eurozentrisch-rassistischen Diskurses hätten die jamaikanische

Gesellschaft dominiert. Dieser Diskurs habe die Schwarzen als die »Anderen«, als die angebliche Negation europäischer Werte und Normen, konstruiert und sie sogar dazu gebracht, sich selbst als »die Anderen« zu sehen. Erst der gewachsene Einfluß der Rastafari-Bewegung in den 70er Jahren habe vielen JamaikanerInnen eine positive Identifikation mit Afrika ermöglicht. Laut Hall konstruieren die Rastas ein »neues Afrika«, indem sie das »alte Afrika« als spirituelle Metapher benutzen. Durch die symbolische Verbindung mit Afrika werden eine »imaginative geography and history« und eine »imagined community« konstruiert. Aufgrund des symbolischen Charakters einer solchen Identifizierung mit Afrika hängt die kulturelle Identität der Menschen in der afrikanischen Diaspora nicht von einem gelobten Land ab, in das sie auf jeden Fall zurückkehren müssen. Sie vollziehen die Rückkehr nach Afrika nur auf der spirituellen Ebene und streben keineswegs eine konkrete, physische Rückkehr an.

Hall unterschlägt hier die Tatsache, daß die physische Rückkehr nach Afrika von Individuen und kleinen Gruppen zu verschiedenen Zeitpunkten verwirklicht wurde. Zwar handelt es sich dabei statistisch um eine sehr kleine Minderheit innerhalb der Diaspora. Trotzdem zeigen diese Beispiele, daß sich der *Repatriation*-Diskurs nie auf die spirituelle Ebene beschränkt hat. Die physische Rückkehr nach Afrika ist zwar extrem schwierig und wird in den wenigen konkreten Fällen in der Regel von Desillusionierung und Anpassungsproblemen begleitet, sie ist aber keineswegs unmöglich oder irrelevant, wie im Kapitel »Repatriation« (s. Seite 79) deutlich wird.

# teil 3: der rastafari-diskurs als dekonstruktion des eurozentrisch-rassistischen diskurses

## Der eurozentrisch-rassistische Diskurs

**Konstruktion von »Schwarz« und »Weiß«**

Jamaika wurde 1494 von Columbus »entdeckt«. Während der spanischen Herrschaft wurden die Arawak, die indianische Bevölkerung Jamaikas, ausgerottet. Die Spanier brachten seit Beginn des 16. Jahrhunderts AfrikanerInnen als SklavInnen nach Jamaika. Nach der Eroberung der Insel durch die Engländer 1655 und ihrer Einbeziehung in den von diesen weitgehend kontrollierten Dreieckshandel[21] kam es schließlich zu einem massenhaften »Import« versklavter AfrikanerInnen (Patterson 1967: 15 ff.).

Die Mehrheit der Plantagenbesitzer lebte nicht in Jamaika, sondern in England. Da Jamaika für sie nichts weiter war als eine Profitquelle, war dort alles auf die Monokultur Zuckerrohr ausgerichtet. Die Macht der Plantagenbesitzer war quasi absolut:

- »Jamaica was the plantocratic society par excellence. The men who ruled the country and made its laws were themselves the planters who were the masters of the slaves« (ibid., S. 70).

Die SklavInnen waren das Eigentum ihrer Herren. Sie hatten nicht den Status von Personen, sondern von Besitzobjekten. Sie selbst hatten keinerlei Anspruch auf persönlichen Besitz und konnten jederzeit verkauft oder von Gläubigern ihrer Herren beschlagnahmt werden. Die SklavInnen waren der Willkür ihrer Herren ausgeliefert, denn vor Gericht galt ihre Aussage nichts, wenn sie sich gegen einen Weißen richtete. Nicht einmal die Ermordung von SklavInnen durch ihre Herren war strafbar. Jede Form von Widerstand gegen diese Willkürherrschaft wurde in brutaler Weise bestraft (ibid., S. 80 ff.).

Um die barbarische Behandlung und systematische Entmenschlichung der versklavten AfrikanerInnen zu legitimieren, wurden diese vom eurozentrisch-rassistischen Diskurs als »die Anderen« konstruiert, das heißt als Antagonisten, als Negation der europäischen Zivilisation. Entweder wurde den AfrikanerInnen jegliche Menschlichkeit aberkannt, oder es wurde versucht, ihre angebliche Andersartigkeit mit der Bibel zu begründen. In diesem Zusammenhang wurde behauptet, Menschen mit schwarzer Hautfarbe seien die Nachkommen von Noahs Sohn Ham: Nach der biblischen Legende hatten

Noahs Söhne ihren Vater nackt gesehen. Anders als seine Brüder, Sem und Japheth, hatte Ham seinen Blick nicht von Noah abgewendet, und zur Strafe verfluchte Noah Hams Nachkommen. Sie sollten den Nachkommen Sems und Japheths als Knechte dienen (Genesis 9, 18–27). Die Philosophen der Aufklärung bekämpften dann zwar religiöse Deutungsmuster, nicht aber rassistische Einstellungen. Im Gegenteil: Im Zuge der Aufklärung wurden bereits existierende rassistische Vorurteile quasi institutionalisiert. Die Angehörigen der außereuropäischen Kulturen galten nun mehr denn je als primitiv und wild und damit als Negation des angeblich zivilisierten, vernünftigen europäischen Subjekts (Hofbauer 1997: 570 f.; Thompson 1978: 44).

Nachdem es seine Kolonien auf dem amerikanischen Festland verloren hatte, lohnte sich der Sklavenhandel für das englische Königreich nicht mehr. Anfang des 19. Jahrhunderts wurde daher der gesellschaftliche Einfluß der abolitionistischen Bewegung immer größer. Literarische Werke, die sich für die Abschaffung der Sklaverei aussprachen, waren zu dieser Zeit in England sehr populär. In dieser Literatur wurden die AfrikanerInnen nun nicht mehr als animalische Barbaren, sondern als »edle Wilde« dargestellt (Brantlinger 1986: 187 ff.). Schließlich wurde die Sklaverei in den englischen Kolonien verboten, und die Engländer begannen, den von anderen europäischen Mächten weiterhin praktizierten transatlantischen Sklavenhandel zu bekämpfen. In Jamaika wurde die Sklaverei 1838 abgeschafft.

Das Bild vom »finsteren Afrika« wurde jedoch auch nach der Abschaffung der Sklaverei nicht aufgegeben. Missionarsberichte und die sehr populären Berichte von Afrika-Reisen englischer »Entdecker« (unter anderem Livingstone, Stanley, Burton) stellten die AfrikanerInnen als bemitleidenswerte »Wilde« dar, die von den als Lichtgestalten präsentierten Missionaren bzw. »Entdeckern« aus der sie vollständig umgebenden Finsternis herausgeführt und »zur Zivilisation erzogen« werden müßten. Diese Sichtweise diente Ende des 19. Jahrhunderts als moralische Rechtfertigung für die Kolonialisierung Afrikas (ibid., S. 194 ff.). »Wissenschaftlich« bestätigt wurden rassistische Einstellungen durch evolutionistische Theorien. Ab Mitte des 19. Jahrhunderts konstruierten europäische Wissenschaftler (unter anderem Knox, Gobineau, Darwin) biologische Begründungen für die angebliche Unterlegenheit außereuropäischer Kulturen. Sie teilten die Menschheit in separate »Rassen«[22] ein und definierten für jede »Rasse« die ihnen typisch erscheinenden äußeren

Merkmale (Hautfarbe, Kopfform, Körperbau usw.). Diese wiederum wurden in einen unmittelbaren Zusammenhang mit den »typischen« Charaktereigenschaften und der angeblichen Entwicklungsstufe einer »Rasse« gebracht. Die »afrikanische Rasse« wurde auf die unterste menschliche Entwicklungsstufe, nahe den Menschenaffen, gestellt. Afrika wurde mit Geschichtslosigkeit, einem angeblichen »Verharren im Naturzustand«, assoziiert. Kannibalismus war Ende des 19. Jahrhunderts ein sehr beliebtes Thema in europäischer Literatur über Afrika (Brantlinger 1986: 201 ff.; Banton 1988: 20 f.; Hofbauer 1997: 571). Der eurozentrisch-rassistische Diskurs konstruierte eine Dichotomie zwischen positiven »europäischen« und negativen »afrikanischen« Attributen:

| **»Europäisch«** | **»Afrikanisch«** |
|---|---|
| • Weiß | → Schwarz |
| • Licht, Erleuchtung | → Finsternis, Dunkelheit |
| • Aufklärung, Vernunft, Intelligenz | → Dummheit, Rückständigkeit, Primitivität |
| • Kreativität, Aktivität | → Faulheit, Trägheit, Passivität |
| • Schönheit | → Häßlichkeit |
| • Zivilisation | → Wildnis |
| • Entwicklung, Geschichte | → Stillstand, Geschichtslosigkeit |
| • Moral, Reinheit, gute Sitten | → Wildheit, Schmutzigkeit, Rohheit, Gewalttätigkeit, animalisches Verhalten |
| • Christentum, Gott | → Heidentum, Teufel, Sünde, Aberglaube, Hexerei, Kannibalismus |

Der dominante eurozentrisch-rassistische Diskurs machte die Kategorie »Rasse« zum wichtigsten Kriterium für Identität in der sogenannten Neuen Welt (Smedley 1998: 695).

### Rassistische Kontinuität in Jamaika

Zur Zeit der Entstehung der Rastafari-Bewegung in den 30er Jahren war Rassismus in der jamaikanischen Gesellschaft noch allgegenwärtig: In einem Land, in dem über 90 Prozent der Einwohner afrikanische Vorfahren hatten, waren englische Normen und Werte das Ideal, und die Kontrolle über Politik und Wirtschaft lag in den Händen einer kleinen weißen Elite, der weniger als 1 Prozent der Bevölkerung angehörten. Je heller die Hautfarbe, desto größer waren die ökonomischen und sozialen Aufstiegschancen. Physische Eigenschaften wurden nach rassistischen Kriterien bewertet: So galt glattes Haar als europäisch und wurde als »good hair« bezeichnet, während lockiges, krauses Haar als afrikanisch galt und als »bad hair« bezeichnet wurde. Haareglätten war dementsprechend in Jamaika weit verbreitet. Crèmes zum Hautbleichen waren ebenfalls sehr begehrt.[23] Nicht nur in der Öffentlichkeit wurden Menschen mit relativ heller Hautfarbe bevorzugt behandelt. Rassistische Kriterien bestimmten oft auch das Familienleben. So wird berichtet, daß es in einigen Familien üblich war, besonders dunkelhäutige Familienmitglieder vor Besuchern zu verstecken (Henriques 1968: 42–69; Chevannes 1994d: 105 ff.).

Angesichts der jamaikanischen Verhältnisse, die auch im 20. Jahrhundert noch stark von der historischen Erfahrung der Sklaverei, von rassistischer Diskriminierung und Marginalisierung geprägt waren, ist es nicht möglich, die Konstruktion einer afrikanischen Identität durch die Rastafari-Bewegung unabhängig vom eurozentrisch-rassistischen Diskurs zu interpretieren. Vielmehr war diese Konstruktion zunächst vor allem eine Dekonstruktion des eurozentrisch-rassistischen Diskurses.

Man könnte meinen, daß dieser Aspekt irrelevant geworden sei, nachdem Jamaika 1962 die Unabhängigkeit erlangte. Schließlich werden im offiziellen nationalen Diskurs seit der Unabhängigkeit keine explizit rassistischen Positionen mehr eingenommen; ganz im Gegenteil steht unter dem Motto »Out of Many One People« die nationale Einheit auf der offiziellen Tagesordnung. Die Kritiker des nationalen jamaikanischen Diskurses, vor allem die Rastas, betonen jedoch, daß sich die wirtschaftlichen Machtverhältnisse nach der Unabhängigkeit praktisch nicht verändert hätten. Nach Rodney (1969: 12) spricht die jamaikanische Elite nur von einer harmonischen, multikulturellen Gesellschaft, um die gesellschaftlichen Widersprüche zu verschleiern: Tatsächlich existiere weiterhin eine rassistische Hierarchie in Jamaika, da die schwarze Bevölkerungsmehrheit immer noch ökonomisch marginalisiert werde. Daß Marcus Garvey und Paul Bogle offiziell zu jamaikanischen Nationalhelden erklärt wurden, betrachtet Rodney als heuchlerischen Mißbrauch von zentralen Symbolen des schwarzen Widerstandes. Ihr wahres Gesicht zeige die jamaikanische Elite, indem sie Black-Power-Literatur verbiete. Der Rassismus, auf dem das System der Sklaverei aufgebaut war, ist nach Rodneys Ansicht immer noch tief in der jamaikanischen Gesellschaft verankert: »West Indian society is a veritable laboratory of racialism. We virtually invented racialism« (ibid., S. 60).

Die Bekämpfung dieses Rassismus ist eines der wichtigsten Ziele der Rastas. Zweifellos hat sich seit Anfang der 70er Jahre – auch durch den Einfluß der Rastafari-Bewegung – einiges in Jamaika verändert. Allerdings ist das Thema Rassismus keineswegs aus dem jamaikanischen Alltag verschwunden (Chevannes 1998: 68 f.), und noch weniger läßt sich dies zu Beginn des 21. Jahrhunderts von anderen Ländern behaupten, in denen Angehörige der afrikanischen Diaspora nicht in der Mehrheit, sondern in der Minderheit sind.

## Afrozentrische Diskurse, die die Rastafari-Bewegung beeinflußt haben

Der Rastafari-Diskurs war natürlich nicht die erste und einzige Alternative zum eurozentrisch-rassistischen Diskurs: Afrozentrische Diskurse existierten in Jamaika seit der Ankunft der ersten versklavten AfrikanerInnen auf der Insel. Die Rastafari-Bewegung entstand keineswegs in einem historischen Vakuum, sondern in dem dynamischen Prozeß der Verhandlungen von Positionen innerhalb der bereits existierenden afrozentrischen Diskurse.

### Widerstand gegen die Sklaverei in Jamaika

Die historische Erfahrung der Sklaverei wird von den jamaikanischen Rastas nicht verdrängt. Im Gegenteil bekennen sie sich dazu, die Nachfahren der versklavten AfrikanerInnen zu sein. In einem Lied der Rasta-Reggae-Band Abyssinians wird das so ausgedrückt:

We are the slave descendants
from the African race
The African race
The African race
We are the slave descendants
from the African race
We're proud, it's no disgrace

Our forefathers were taken away
Taken away
Taken away
They were bound in ships
And shackled all the way
Like baggage and brought to the West
(Abyssinians 1977: »African Race«).

Jamaika ist die karibische Insel, auf der die meisten Aufstände gegen die Sklaverei stattfanden. Am erfolgreichsten waren dabei die Aufstände der »Maroons«. Mit dem Ausdruck Maroons[24] wurden seit dem 16. Jahrhundert ehemalige SklavInnen bezeichnet, denen die Flucht von den Plantagen geglückt war. In vielen verschiedenen Gebieten der »Neuen Welt« gab es Maroon-Gemeinschaften, die sich in schwer zugängliche Gegenden zurückzogen und durch die Entwicklung einer effektiven Guerilla-Kriegsführung eine permanente Bedrohung für die Plantagen darstellten. Heute findet man in den noch existierenden Maroon-Siedlungen relativ viele kulturelle Elemente, die sich auf einen direkten afrikanischen Ursprung zurückführen lassen (Price 1979a: 1–30).

Zusammen mit den Maroons in Surinam sind die jamaikanischen Maroons die am längsten bestehende Maroon-Gruppe. Bis zum heutigen Tag existieren autonome Maroon-Siedlungen in den ländlichen Gebieten Jamaikas. Die Maroons sind stolz auf die Geschichte ihres erfolgreichen Widerstandes gegen die Engländer. Gleichzeitig bekennen sie sich zu dem Vertrag von 1739, der von vielen anderen als Verrat an den übrigen Sklaven interpretiert wird: Nachdem es den Engländern in über 80 Jahren nicht gelungen war, die jamaikanischen Maroons mit Waffengewalt zu besiegen, schlossen sie 1739 einen Friedensvertrag mit ihnen ab. Dieser garantierte den Maroons ihre Freiheit und erkannte ihren Landbesitz und ihre Jagdrechte in der Umgebung ihrer Siedlungen an. Allerdings enthielt der Vertrag für die Maroons unter anderem auch die Verpflichtung, künftig flüchtige Sklaven, die sich in ihren Gebieten aufhielten, gefangenzunehmen und auf die Plantagen zurückzubringen. Durch diese Vereinbarung wurden die Maroons sozusagen von Widerstandskämpfern zu Kopfgeldjägern (Patterson 1979: 246 ff.). Die heutigen Maroons betrachten den Vertrag jedoch als das Dokument der endgültigen Erlangung ihrer Unabhängigkeit. 1989 veranstalteten sie eine große Feier anläßlich des 250. Jahrestags des Vertragsabschlusses (Zips 1993: 71).

Das Zustandekommen des Friedensvertrags war natürlich eine große Enttäuschung für die SklavInnen auf den Plantagen, bedeutete aber keineswegs das Ende ihres Widerstandes. Bis zur Abschaffung der Sklaverei 1838 fanden immer wieder Aufstände statt, die jedoch alle von den Engländern blutig niedergeschlagen wurden. Der größte dieser Aufstände war derjenige unter Führung des Baptistenpredigers Sam Sharpe 1832 (s. Barrett 1977: 43 ff.).

Nach 1838 erhielten die SklavInnen zwar ihre formelle Freiheit. Durch die Einführung hoher Steuern wurden jedoch die meisten von ihnen gezwungen, für äußerst niedrige Löhne weiter auf den Plantagen zu arbeiten. Nachdem bereits eine Reihe von Streiks auf den Plantagen stattgefunden hatte, gipfelte der Protest gegen die wirtschaftliche Ausbeutung der ehemaligen SklavInnen in der Morant-Bay-Rebellion von 1865 unter Leitung von Paul Bogle und George William Gordon (s. Campbell 1985: 47 ff.).

Die Rastas sehen sich selbst als Bewahrer der jahrhundertealten afrojamaikanischen Widerstandstradition. Ebenso wie die zahlreichen Sklavenaufstände und die Morant-Bay-Rebellion wenden sich die Rastas gegen weiße Fremdherrschaft und wirtschaftliche Ausbeutung.

**Afrojamaikanische religiöse Bewegungen**

Die in die Karibik verschleppten AfrikanerInnen brachten Kenntnisse afrikanischer religiöser Praktiken und Heilmethoden mit. Rituale mit negativer Intention hießen in Jamaika *Obeah*, während positive Rituale, die vor *Obeah* schützen sollten, *Myal* genannt wurden.[25] Der *Myal*-Glaube ging davon aus, daß die Geister der versklavten AfrikanerInnen nach dem Tod nach Afrika zurückkehren würden, um sich dort mit den Geistern der Ahnen zu vereinigen. Angst hatten die SklavInnen vor *Duppies*[26], das heißt vor Geistern von Toten, die über bestimmte Personen verärgert waren und aus diesem Grund in die Welt der Lebenden zurückkehrten, um dort Unheil anzurichten. Wichtig war auch der sogenannte Schatten einer lebendigen Person. Den *Obeah*-Männern bzw. -Frauen wurde nämlich nachgesagt, sie würden Schatten einfangen und begraben. Der Besitzer des Schattens würde in so einem Fall krank werden und – falls es nicht gelänge, den Schatten zu befreien – sterben. Eine wichtige Aufgabe der *Myal*-Männer/-Frauen war es, von *Duppies* ausgehendes Unheil abzuwenden und die Manipulation von Schatten durch *Obeah*-Männer/-Frauen zu verhindern. Vor allem bei Beerdigungen waren *Myal*-Praktiken sehr wichtig, um für die ungestörte Rückkehr der Geister der Toten nach Afrika zu sorgen. (Die Angst vor *Obeah*-Zauberei und vor *Duppies* ist in Jamaika auch heute noch sehr weit verbreitet.)

Religiöse Aktivitäten der SklavInnen wurden von den jamaikanischen Plantagenbesitzern stets als potentieller Widerstand betrachtet. Durch eine Reihe von Verordnungen wurden daher den SklavInnen sämtliche *Obeah*-

bzw. *Myal*-Praktiken sowie größere Versammlungen und gemeinsames Trommeln verboten. Auch eine Christianisierung der SklavInnen wurde von den Plantagenbesitzern strikt abgelehnt (Alleyne 1988: 76 ff.).

1783 kamen die ersten Baptisten-Prediger aus den USA nach Jamaika, unter ihnen Moses Baker und George Lisle, zwei ehemalige Sklaven. Sie waren die ersten schwarzen christlichen Prediger in Jamaika und hatten bald zahlreiche Anhänger unter den SklavInnen. Die Baptisten traten für die Abschaffung der Sklaverei ein, und Baptistenprediger spielten unter anderem bei dem großen Aufstand von 1832 eine wichtige Rolle (Alleyne 1988: 89–91; Gordon 1997: 145–156). Schuler (1980: 32) verweist auf die zentrale Bedeutung von Religion für den afrozentrischen Diskurs während der Sklaverei und auch danach:

> »The importance of religious affiliations in counteracting the divisions inherent in an ethnically and geographically fragmented slave society cannot be overestimated. Religious institutions provided the central principles of social organization in the slave period and continued to do so after emancipation. They constituted the basis of a functional African counterculture in a system dominated by Europeans.«

Im Verlauf des 19. Jahrhunderts kam es zu einer gegenseitigen Beeinflussung und schließlich zur Verbindung von *Myal*-Glaube und (baptistisch) christlicher Lehre. Aus diesem Synkretismus gingen verschiedene religiöse Bewegungen hervor: Kumina, Convince, Pukumina und Revival (bzw. Revival Zion). Diese religiösen Bewegungen existieren bis heute in Jamaika. Während Kumina und Convince vor allem in den ländlichen Gebieten Jamaikas praktiziert werden, befinden sich die meisten Pukumina- und Revival-Gruppen in Kingston. Tanzen, Singen und Geistbesessenheit sind bei jeder der vier Bewegungen von zentraler Bedeutung. Der Bezug zu Afrika ist bei Convince und vor allem bei Kumina konkreter als bei Pukumina und Revival. So enthält das religiöse Vokabular von Kumina hauptsächlich Begriffe, die aus dem Kikongo stammen oder abgeleitet sind. Viele Kumina-Lieder werden auf Kikongo gesungen. Außerdem tragen die von den Kumina-AnhängerInnen verehrten Götter afrikanische Namen (zum Beispiel Oto, Zombi, Shango), und die verschiedenen Kumina-Gruppen sind nach afrikanischen Ethnien benannt (zum Beispiel Mondongo, Moyenge, Kongo, Ibo, Yoruba). Die überwiegend zentralafrikanischen Elemente in Kumina gehen vor allem darauf zurück, daß zwischen 1841 und 1865 VertragsarbeiterInnen aus der Kongo-Region nach Jamaika geholt wurden (Alleyne 1988: 92 ff.).

Die Beziehung der Rastafari-Bewegung zu den anderen afrojamaikanischen religiösen Bewegungen ist ambivalent: Einerseits stand die Rastafari-Bewegung in ihrer Entstehungs- und Anfangsphase mit diesen Bewegungen in engem Kontakt und wurde von ihnen stark beeinflußt. Zum Beispiel befand sich Howells Rasta-Hauptquartier in den 30er Jahren in St. Thomas, und dieser Bezirk war gleichzeitig das Zentrum der Kumina-Bewegung. So übernahmen einige der ersten Rastas bestimmte Kumina-Praktiken, zum Beispiel das Kumina-Trommeln, das den später entstandenen Nyabinghi-Trommelstil stark beeinflußte (Bilby, Leib 1986: 22–28). In Kingston interagierten die Rastas vor allem mit Revival- und Pukumina-Gruppen. Einige der frühen Rastas waren in den 20er Jahren Anhänger Alexander Bedwards, des bekanntesten Revival-Predigers in Jamaika, gewesen. Bis Ende der 40er Jahre waren die Zusammenkünfte der Rastas in ihrer Form den Revival-Treffen sehr ähnlich. Bis heute handelt es sich bei vielen der Lieder, die bei den Nyabinghi-Treffen der Rastas gesungen werden, um umgedichtete Revival-Hymnen (Chevannes 1994b: 34; 1994e: 121).

Andererseits kam es in den 50er Jahren zu einer radikalen Abgrenzung eines sehr großen Teils der Rastafari-Bewegung von allen anderen afrojamaikanischen religiösen Bewegungen. Eine neue Generation radikaler *Dreadlocks-Rastas* tabuisierte den Tod und damit auch jegliche Beschäftigung mit Bestattungen und Geistbesessenheit. Es wurden also gerade jene Bereiche tabuisiert, auf die sich die wichtigsten Rituale der anderen Bewegungen bezogen. Seitdem lehnen die meisten Rastas die anderen afrojamaikanischen religiösen Bewegungen als Verehrung von Tod und Teufel ab und meiden den Kontakt mit ihnen (Chevannes 1994b: 28 f.; 1994c: 78 f.). Mit Geistbesessenheit und Bestattungsritualen lehnen die Rastas kulturelle Elemente ab, die sich auf einen (west- bzw. zentral-) afrikanischen Ursprung zurückführen lassen. Dies zeigt, daß ihre Konstruktion einer kulturellen Identität nichts mit einer Suche nach afrikanischen Spuren in Jamaika zu tun hat, sondern daß es sich dabei um eine kreative, dynamische Neuschöpfung handelt.

## Äthiopismus

> »Die gleichen Babylonier, die uns versklavten, schrieben auch die Bibel. Wir, die Kinder der Sklaven, hatten keine Maschinen, sie zu drucken. Die Herrscher der Welt druckten die Bibel, die auch auf den Plantagen gelesen wurde. Sie druckten die Worte *Conquering Lion Of The Tribe Of Judah* in der Offenbarung, sie druckten die Worte *Ethiopia awaits its Creator*. Die Äthiopier, von denen da gesprochen wird, das ist *I and I*«[27] (Sizzla zit. in: Köhlings, Lilly 2002: 29).

Bereits lange vor der Entstehung der Rastafari-Bewegung spielte Äthiopien als Symbol für afrikanische Unabhängigkeit, Tradition und Geschichte eine wichtige Rolle für die Menschen in der afrikanischen Diaspora: Äthiopien war ein altes afrikanisches Königreich mit einer eigenen christlichen Tradition, die bis ins 4. Jahrhundert zurückreichte. Außerdem wurde der Name *Äthiopien* an mehreren Stellen des Alten Testaments als Bezeichnung für Afrika bzw. die südlich von Ägypten gelegenen Gebiete verwendet. Die griechische Septuaginta hatte *Kusch* mit *Aithiopia* übersetzt, und die englische Bibelversion, die King James Bible, die unter anderem auch in Jamaika als Standard benutzt wurde, hatte diese Übersetzung als *Ethiopia* übernommen. Die wichtigste, am häufigsten zitierte Bibelstelle ist in diesem Zusammenhang Psalm 68,32:

> »Princes shall come out of Egypt; Ethiopia shall soon stretch forth her hands unto God.«

E.W. Blyden (1822–1912), der Vorreiter des Panafrikanismus, identifizierte im 19. Jahrhundert – genau wie viele andere schwarze Prediger zu jener Zeit – die Menschen in der afrikanischen Diaspora mit den biblischen Juden und sprach von Äthiopien bzw. Afrika als dem »gelobten Land« (s. Blyden, zit. in Loth 1991: 71–73). Als die europäischen Kolonialmächte Ende des 19. Jahrhunderts Afrika untereinander aufteilten, galt Äthiopien mehr denn je als Symbol für afrikanische Unabhängigkeit, denn Äthiopien war – abgesehen von Liberia, das von den USA protegiert wurde – das einzige afrikanische Land, das nicht von den Europäern kolonisiert wurde. Zwar versuchte Italien, Äthiopien zu erobern; nach der vernichtenden Niederlage in der Schlacht von Adwa 1896 mußten die Italiener ihre Pläne jedoch aufgeben (s. Rubenson 1970).

In Südafrika wurden Ende des 19. Jahrhunderts eine Reihe von äthiopistischen Kirchen gegründet.[28] Dabei handelte es sich zum Teil um Abspaltungen von den Missionskirchen und zum Teil um unabhängige Neugründungen.[29] Neben Autonomiebestrebungen war der Protest gegen die innerhalb der offiziellen Kirche etablierte Rassentrennung ein wichtiges Motiv dieser äthiopistischen Bewegung. Die äthiopistischen Prediger interpretierten die christliche Lehre als schwarze Religion der Befreiung von der weißen Fremdherrschaft, und sie benutzten den Slogan »Africa for the Africans«. Es bestanden Verbindungen zwischen den äthiopistischen Gemeinschaften in Südafrika und der 1816 in den USA gegründeten African Methodist Episcopal (AME) Church. Nachdem die Äthiopisten den Zulu-Aufstand von 1906 aktiv unterstützt hatten, verbot die südafrikanische Regierung jede Art von schwarzen Predigten und religiösen Zusammenkünften außerhalb der offiziellen Kirche. Mitte der 20er Jahre wurde jedoch ein Teil der äthiopistischen Kirchen in Südafrika offiziell anerkannt (Lanternari 1966: 66–83).

Neben den äthiopistischen wurden um die Jahrhundertwende in Südafrika auch zionistische Gemeinschaften gegründet. Diese orientierten sich – genau wie die jamaikanische Revival-Zion-Bewegung (s. Elkins 1977: 27) – am Vorbild der US-amerikanischen Catholic Apostolic Church in Zion. Mit den äthiopistischen Gruppen teilten die zionistischen die Auffassung, daß die europäische Bibel eine Fälschung der authentischen äthiopischen Bibel sei und daß die Gesellschaft von der Krankheit weißer Fremdherrschaft geheilt werden müsse. Die zionistischen Gemeinschaften übernahmen bestimmte Elemente des jüdischen Glaubens. Rituelle Heilmethoden und rituelle Tabus spielten bei ihnen eine größere Rolle als bei den äthiopistischen Gruppen. Der Berg Zion galt als Symbol der Befreiung, und die Gründung eines »Neuen Jerusalem« war das erklärte Ziel. Vereinzelt gründeten die Zionisten in Südafrika auf kleinen Bergen gelegene *Zion Cities* als konkrete Gegenentwürfe zur herrschenden Gesellschaftsordnung[30].

In den Metropolen der USA existierten neben der AME und der Catholic Apostolic Church in Zion noch weitere äthiopistische und schwarze zionistische Gruppen, unter anderem die Abyssinians, die Black Jews und die Black Hebrews (Campbell 1985: 103; Dijk 1993: 77 ff.). Nach dem italienischen Einmarsch in Äthiopien 1935 schlossen sich sowohl in Afrika (vor allem in Südafrika) als auch in der afrikanischen Diaspora mehr Menschen als je zuvor äthiopistischen Gruppen an. Der italienisch-äthiopische Krieg wurde von Schwarzen auf der ganzen Welt als rassistischer Krieg interpretiert, da der Völkerbund Äthiopien in diesem Konflikt nicht unterstützte. Viele Angehörige der afrikanischen Diaspora wollten als Soldaten für Äthiopien kämpfen. Die Verteidigung der Unabhängigkeit Äthiopiens bedeutete für sie die Verteidigung afrikanischer Würde und Freiheit. Im Oktober 1935 unterzeichneten zum Beispiel 1400 Jamaikaner eine Petition an den König von England, in der sie ihn baten, sie als Soldaten nach Äthiopien gehen zu lassen. Seit ihrer Gründung in New York 1937 versuchte dann die EWF, die internationale Unterstützung Äthiopiens zu koordinieren (Campbell 1985: 107).

Ein äthiopischer Diakon. Einige der Bibeln in den äthiopischen Kirchen sind mehrere hundert Jahre alt.

Nach der Befreiung Äthiopiens 1941 ließen die äthiopistischen Strömungen insgesamt stark nach. Die Rastafari-Bewegung entwickelte sich bald zur führenden äthiopistischen Kraft in Jamaika, und seit ihrer internationalen Verbreitung ist sie die wichtigste äthiopistische Kraft in der gesamten afrikanischen Diaspora. Mit anderen äthiopistischen Gruppen teilen die meisten Rastas die Auffassung, daß die äthiopische Bibel das wahre Heilige Buch sei und die englische Version bloß eine Fälschung. Und tatsächlich sind nur in der äthiopischen Bibel die Apokryphen, das heißt diejenigen Bücher, die von der katholischen und der evangelischen Kirche nicht anerkannt werden, vollständig erhalten geblieben, unter anderem das Buch Henoch, die »äthiopische Apokalypse« (Ullendorff 1968: 34 f.).

Genauso interessant wie die Apokryphen ist für die Rastas und andere Vertreter des Äthiopismus das Kebra Negast (»Ruhm der Könige«), das bedeutendste literarische Werk Äthiopiens. Das Kebra Negast wurde im 14. Jahrhundert im heute nur noch als sakrale Sprache verwendeten Ge'ez verfaßt und diente vor allem der Legitimierung der salomonischen Dynastie. Das Buch enthält zahlreiche neue Versionen von Geschichten aus dem Alten Testament, den Apokryphen und anderen älteren Quellen. Sein zentraler Teil ist jedoch die Legende von König Salomo und der Königin von Saba. Während die Beziehung der beiden im Alten Testament nur kurz angedeutet wird, bietet das Kebra Negast eine detaillierte Schilderung.

Die Legende besagt, daß die Königin von Saba, die mit der Königin von Äthiopien identifiziert wird, bei einem Besuch in Jerusalem eine Affäre mit König Salomon hatte. Sie kehrte schwanger nach Äthiopien zurück und brachte einen Sohn zur Welt, Menelik I. Als Menelik erwachsen war, besuchte er seinen Vater in Jerusalem und entwendete bei dieser Gelegenheit die Bundeslade der Juden, die sich seitdem in Äthiopien befindet (Ullendorff 1968: 74 ff.). Diese Legende ermöglichte es den äthiopischen Kaisern jahrhundertelang, sich auf eine biblische Abstammung zu berufen. Erst der Sturz Haile Selassies 1974 beendete die Herrschaft der salomonischen Dynastie.

**Marcus Garvey und die UNIA**

Die ersten Rastas waren stark von den afrozentrischen Ideen Marcus Garveys beeinflußt, und noch heute wird Garvey von sehr vielen Rastas als Prophet verehrt. Garveys Aktivitäten standen unter dem Motto »Africa for the Africans, at home and abroad«. Nachdem er 1914 in Kingston die Universal Negro Improvement Association (UNIA) gegründet hatte, emigrierte Garvey zwei Jahre später in die USA und eröffnete im New Yorker Stadtteil Harlem das neue UNIA-Hauptquartier. Durch seine zahlreichen Vorträge in New York und in anderen US-Metropolen gewann er in kurzer Zeit eine große Anhängerschaft.[31] Unter anderem brachte er eine eigene Wochenzeitung, die *Negro World*[32], heraus, und mit der Black Star Line gründete er die erste schwarze Schiffahrtsgesellschaft in den USA. In der 1921 von Garvey gegründeten African Orthodox Church wurden Jesus, Maria und sämtliche heiligen christlichen Figuren als Schwarze, der Teufel dagegen als Weißer dargestellt. Auf der »First International Convention of the UNIA«, die vom 1. bis zum 31.8.1920 in Harlem stattfand und an der mehrere Tausend Delegierte aus den USA und aus anderen Ländern teilnahmen,[33] wurde Garvey zum »Provisional President of the African Republic« erklärt, und es wurde eine »Declaration of the Rights of the Negro Peoples of the World«[34] verabschiedet (Cronon 1973a: 1–9).

Anders als von seinen Gegnern behauptet, beabsichtigte Garvey nicht eine unkontrollierte Rückkehr aller Menschen aus der Diaspora nach Afrika, sondern er wollte Spezialisten (unter anderem Handwerker, Techniker, Ärzte, Lehrer) aus der Diaspora nach Afrika bringen, um den »Aufbau« Afrikas voranzutreiben (Essien-Udom 1967: xvi). Garvey sprach in diesem Zusammenhang von einer friedlichen »Kolonisierung« (!) Afrikas durch die Menschen aus der afrikanischen Diaspora (Garvey 1967 [1923]: 50–53). Garvey gelang es jedoch nicht, diese Vorstellungen zu verwirklichen, obwohl es einen konkreten Ansatz gab: Mit der Regierung von Liberia führte Garvey Verhandlungen mit dem Ziel, dort ein UNIA-Projekt aufzubauen. Die liberianische Regierung zog jedoch eine bereits erteilte Zusage, sie werde der UNIA Land zur Verfügung stellen, wieder zurück und verkaufte dieses Territorium stattdessen an die US-amerikanische Firestone Rubber Company.

Nach dem Konkurs der Black Star Line wurde Garvey 1922 verhaftet und wegen Betrugs angeklagt. Ihm wurde vorgeworfen, die US-Post zu betrügerischen Zwecken benutzt zu haben. Angeblich hatte er weiter Aktien verkauft, obwohl der Konkurs der Black Star Line bereits feststand. Garvey wurde zu fünf Jahren Gefängnis verurteilt. Garvey und seine Anhanger betrachteten dieses harte Urteil als politische Maßnahme, mit der die UNIA gestoppt werden sollte. 1927 wurde Garvey dann nach Jamaika deportiert. Dort engagierte er sich weiterhin für die UNIA, und 1929 fand in Kingston noch einmal eine relativ große UNIA-*Convention* statt. Im selben Jahr gründete Garvey die erste schwarze Partei in Jamaika, die People's Political Party, die sich vor allem für eine Verbesserung der wirtschaftlichen und sozialen Bedingungen der Afro-JamaikanerInnen einsetzte. 1934 verlegte Garvey sein Hauptquartier nach London, wo er am 10.6.1940 starb (Cronon 1973a: 9–16).

Umstritten war Garvey vor allem, weil er für eine strikte Rassentrennung eintrat. Er war gegen die Assimilationspolitik von W.E. DuBois und der National Association for the Advancement of Coloured People (NAACP), weil er meinte, daß die weiße Mehrheit in den USA die Schwarzen niemals richtig akzeptieren würde. Die starke Zunahme von rassistischen Lynchmorden in den USA nach dem Ersten Weltkrieg war für Garvey eine Bestätigung dafür, daß Separation die einzige Lösung für die Afro-AmerikanerInnen sei. Als Reaktion auf den weißen Rassismus entwickelte Garvey extrem separatistische Ideen, die ihm den Vorwurf einbrachten, selbst rassistisch zu sein. So sprach er sich für den Erhalt der »Reinheit der schwarzen Rasse« aus und betrachtete die »Vermischung der Rassen« als größte Gefahr für die afrikanische Diaspora (»race suicide«) (Garvey 1967 [1923]: 16, 29, 30, 39; Garvey 1967 [1925]: 2, 38, 62).

Erst Jahre nach seinem Tod wurde die Bedeutung von Garveys Beitrag zum Panafrikanismus allgemein anerkannt. Ghanas erster Präsident Kwame Nkrumah schrieb in seiner Autobiographie, das Buch, das ihn während seines Studiums in den USA am stärksten beeinflußt habe, sei »Philosophy and Opinions of Marcus Garvey« gewesen. Nach dem Erreichen der Unabhängigkeit wurde die erste ghanaische Schiffahrtsgesellschaft »Black Star Line« genannt, und auch den schwarzen Stern in der Flagge übernahm Ghana von der UNIA (Shepperson 1973: 144–147).

Marcus Garvey gelang es wie niemandem zuvor, die afroamerikanischen Massen zu mobilisieren. Seine Verkündung eines neuen schwarzen Selbstbewußtseins war für sehr viele Menschen in der afrikanischen Diaspora von enormer Bedeutung (Cronon 1973b: 167–169). Rodney (1969: 20 f.) betont die große Bedeutung Garveys für den Panafrikanismus und die Black-Power-Bewegung:

> »Marcus Garvey was one of the first advocates of Black Power, and is still today the greatest spokesman ever to have been produced by the movement of black consciousness. [...] He spoke to all Africans, whether they lived in Africa, South America, the West Indies or North America, and he made blacks aware of their strength when united.«

Für viele Rastas gilt Garvey als Prophet. Ende der 20er Jahre soll er bei einer öffentlichen Rede in Kingston die Krönung eines afrikanischen Königs vorausgesagt haben (Bones 1987: 14). Daß Garvey sich später von Selassie distanzierte, wird von den Rastas dagegen nicht berücksichtigt.

Zunächst war Garvey Haile Selassie gegenüber positiv eingestellt. Aus Anlaß der kaiserlichen Krönung schickte er ein Glückwunschtelegramm und gratulierte Selassie im Namen aller »Ethiopians of the Western World« (zit. in Lewis 1998: 145). Garvey setzte große Hoffnungen in Selassie, betrachtete ihn jedoch im Gegensatz zu den Rastas nicht als Gott, sondern als Staatsmann. Nachdem Selassie während der italienischen Besatzung nach London ins Exil gegangen war, kritisierte Garvey den äthiopischen Kaiser[35] (Essien-Udom, Garvey 1977: 232 ff.). Er warf ihm vor, er habe sich auf weiße Berater und den weißen Völkerbund verlassen, statt sich auf die internationale schwarze Solidarität und die militärische Ausbildung der Äthiopier zu konzentrieren. Garvey war persönlich bitter enttäuscht, weil Selassie in London weder ihn noch andere panafrikanistische Aktivisten kontaktierte, sondern ausschließlich mit der englischen Regierung verhandelte. Der äthiopische Kaiser war für Garvey nur noch eine Marionette der Engländer und nicht mehr die Symbolfigur afrikanischer Unabhängigkeit. Sowohl Selassie als auch die salomonische Dynastie, auf die sich dieser berief, hatten für Garvey nun keinerlei positive Bedeutung mehr:

Die Symbolfigur Garvey verbindet die afrikanische Diaspora mit dem »Mutterkontinent« (Wandmalerei in Kingston).

> »As far as we can see, the Emperor's term of usefulness is at an end for the present in Abyssinia. [...] The new Negro doesn't give two pence about the line of Solomon. Solomon has been long dead. Solomon was a Jew. The Negro is no Jew. The Negro has a racial origin running from Sheba to the present, of which he is proud. He is proud of Sheba, but he is not proud of Solomon.« (ibid., S.235)

Zwar bezog Garvey in seinen Veröffentlichungen nie explizit zur Rastafari-Bewegung Stellung. Er bezeichnete jedoch sowohl den Konsum von Marihuana als auch die Existenz vieler seiner Meinung nach verrückter und fanatischer religiöser Bewegungen als Gefahr für die schwarze Bevölkerung in Jamaika. Man kann davon ausgehen, daß die Rastas für Garvey in diese Kategorie fielen und er deshalb mit ihnen nichts zu tun haben wollte. Allerdings waren viele der frühen Rastas ehemalige UNIA-Mitglieder, so daß die Rastafari-Bewegung von Anfang an auch von Garveys Ideen beeinflußt wurde. Einige von Marcus Garveys panafrikanistischen Parolen werden heute noch oft von Rastas benutzt, vor allem das Motto der UNIA: »One God, One Aim, One Destiny«. Am weitesten geht die Verehrung Garveys bei den Bobo Dreads, die ihn zu einem Teil ihrer Heiligen Dreieinigkeit gemacht haben.

Ein fundamentaler Unterschied besteht zwischen der Haltung Garveys und derjenigen vieler Rastas zum herrschenden kapitalistischen Wirtschaftssystem. Während Garvey meinte, der Aufbau eigener starker kapitalistischer Strukturen sei entscheidend für das Überleben der schwarzen Rasse, boykottieren viele Rastas das westliche Wirtschaftssystem so weit wie möglich und versuchen, alternative Strukturen aufzubauen, die nicht auf die individuelle Anhäufung von Kapital, sondern auf gemeinschaftliche Subsistenz ausgerichtet sind. Die Rastas orientieren sich weder an bestimmten Programmen Garveys noch an der hierarchischen Organisation der UNIA. Vielmehr ist Garvey für viele Rastas eine zentrale Symbolfigur. Als solche steht er für ein neues, positives schwarzes Selbstbewußtsein, für die geistige und moralische Wiederauferstehung der Menschen in der afrikanischen Diaspora nach Jahrhunderten der Unterdrückung und für ein starkes panafrikanistisches Bewußtsein, das heißt für die Vereinigung der Menschen in der Diaspora mit Afrika.

## Der Rastafari-Diskurs

### Zion

Die Rastas sehen die Versklavung als entscheidenden Bruch in der Geschichte der afrikanischen Diaspora. Ihr Ziel ist es, diesen Bruch zu kitten.[36] Da sich die Geschichte nicht rückgängig machen läßt, geschieht das Kitten des Bruches auf der symbolischen Ebene. Die Rastas versuchen also nicht, das historische Afrika ihrer Vorfahren zu rekonstruieren, sondern sie konstruieren ein neues, ein utopisches Afrika. Es ist aber gerade dieses utopische Afrika, das den Rastas eine spirituelle Verbindung mit dem historischen Afrika ermöglicht. Die Rastas identifizieren sich mit den Juden aus der Bibel, und Afrika wird für sie zum gelobten Land Israel bzw. Zion. Das paradiesische Afrika, das die Rastas konstruieren, steht als positiver Gegensatz zu den negativen historischen Erfahrungen von Unterdrückung und Ausbeutung. Da sie die Spaltungen zwischen den AfrikanerInnen als eine der wichtigsten Grundlagen von Versklavung und Kolonialismus erkennen, rufen sie die Menschen in Afrika und in der afrikanischen Diaspora zur Überwindung dieser Spaltungen auf, das heißt, sie entwickeln eine panafrikanistische Perspektive:

Bob Marley: »Survival«, 1979

Africa unite
Cause we're moving right out of Babylon
And we're going to our Father's land

How good and how pleasant it would be
Before God and man
To see the unification of all Africans
As it's been said already
Let it be done
We are the children of the Rastaman
We are the children of the higher man

(Marley 1979: »Africa unite«)

Afrika symbolisiert für die Rastas Einheit und Kontinuität. Die Rastas kitten den Bruch, indem sie eine afrikanische Tradition neu erfinden. Als zentrale symbolische Bezugspunkte dienen ihnen dabei:

- Äthiopien, das für afrikanische Kontinuität und Unabhängigkeit steht;
- Haile Selassie, der seine königliche Linie bis zu der Verbindung von König Salomo und der Königin von Saba zurückführt;
- die Bibel, die von den Rastas neu interpretiert wird.

Der Rastafari-Diskurs dekonstruiert den eurozentrisch-rassistischen Diskurs, indem er das von diesem konstruierte Wertesystem radikal umkehrt. Die Rastas konstruieren ein neues Schema, in dem *afrikanisch* und *schwarz* mit positiven, *europäisch* und *weiß* dagegen mit negativen Werten assoziiert werden:

| **»Zion«** | **»Babylon«** |
|---|---|
| • Schwarz | → Weiß |
| • Afrika/Äthiopien/Jerusalem | → Europa/England/Italien/Rom |
| • Osten | → Westen |
| • Zivilisation | → Wildnis |
| • Einheit, Kontinuität, Tradition, Geschichte | → Spaltung, Diskontinuität, Brüche |

| | |
|---|---|
| • Heimat, Wurzeln | → Entfremdung, Entwurzelung |
| • Freiheit | → Gefangenschaft, Unterdrückung |
| • Gleichberechtigung | → Hierarchie |
| • Gemeinschaft | → Vereinzelung, Egoismus |
| • Liebe, Frieden | → Haß, Krieg |
| • Kreativität | → Zerstörung |
| • Würde, Stolz, Schönheit | → Barbarei |
| • Moral | → Perversion |
| • Reinheit | → Verschmutzung |
| • Leben im Einklang mit der Natur | → Umweltzerstörung |
| • Leben | → Tod |
| • Gott, Jesus | → Teufel |
| • Haile Selassie | → König/-in von England, Papst, Mussolini |
| • Rastas | → staatliche und kirchliche Institutionen, Polizei |

**Babylon**

Das *Babylon System* ist also das »Andere«, von dem sich die Rastas in ihrer »antagonistischen Solidarisierung« abgrenzen.[37] Auch wenn die Rastas einen neuen Schwarz-Weiß-Gegensatz konstruieren, steht dabei nicht so sehr die Hautfarbe im Mittelpunkt: *Babylon* steht für jede Art von Unterdrückung, egal ob diese von Menschen mit weißer oder schwarzer Hautfarbe praktiziert wird.

Der Begriff *Babylon* wurde von den Rastas aus der Bibel übernommen. Zum einen bezieht er sich auf die babylonische Gefangenschaft der Juden im Alten Testament, die von den Rastas mit der Versklavung der AfrikanerInnen identifiziert wird. Zum anderen taucht der Name *Babylon* in der Offenbarung im Neuen Testament auf. Er dient dort als Deckname für das Römische Reich. Die zentrale Bibelstelle ist Offenbarung 17,5:

• »Auf ihrer Stirn stand ein Name, ein geheimnisvoller Name: *Babylon, die Große*, die Mutter der Huren und aller Abscheulichkeiten der Erde.«

Da die wichtigsten Titel Haile Selassies (»König der Könige, Herr der Herren, siegreicher Löwe vom Stamme Juda«) aus der Offenbarung stammten,[38] war dieses Buch für die Rastas von Beginn an von großer Bedeutung. Der italienisch-äthiopische Krieg wurde von ihnen als Erfüllung der Prophezeiung des Johannes interpretiert: Haile Selassie ist für die Rastas der wiedergekehrte Messias und Mussolini das satanische Tier, das in der Offenbarung vom Messias in dem für das Schicksal der Welt alles entscheidenden Kampf besiegt wird. Sich selbst identifizieren die Rastas mit den 144000 Auserwählten Gottes, die als einzige die Apokalypse (*Amagiddeon*[39]) überleben und danach die paradiesische Harmonie im »Neuen Jerusalem« genießen dürfen[40] (Owens 1982: 73 f., 196). Die Apokalypse bzw. die Vernichtung *Babylons* durch das »kosmische Feuer« ist ein zentrales Motiv in der Rasta-Rhetorik. So heißt es in dem Lied »Mystery Babylon« von Prezident Brown (1999):

> Hotta fiya bun,[41] Mystery Babylon di great
> I say your kingdom is fallin', fallin'
> People come together before it's too late
> Mount Zion is callin', callin'.

Am Tag des jüngsten Gerichts (*Judgement Day*) werden die wahren von den falschen Rastas getrennt. Nur die wahren Rastas überleben den *Amagiddeon* und werden von Selassie endgültig nach Afrika/Zion zurückgeführt. Selassies Sieg über Mussolini wird zwar von den Rastas als Erfüllung der Prophezeiungen in der Offenbarung interpretiert; der endgültige *Amagiddeon* steht jedoch in Form des Dritten Weltkriegs erst noch bevor. Ihre Gewißheit, daß sie als einzige die Apokalypse überleben werden, gibt den Rastas innere Ruhe und Zuversicht und läßt sie so die gegenwärtigen Ungerechtigkeiten in *Babylon* (»persecution«, »suffering and tribulation«) ertragen. Das heißt aber nicht, daß sie völlig passiv auf ihre Erlösung warten. Ganz im Gegenteil ist der permanente Kampf gegen jede Form von Unterdrückung eine Vorbedingung für die endgültige Erlösung (Owens 1982: 188 ff., 216). Der Begriff *Babylon* bezieht sich auf verschiedene Ebenen:

1) **Auf der internationalen Ebene ist *Babylon* der Name für mächtige hegemoniale Staaten bzw. Herrschaftssysteme, die die Menschen anderer Länder ausbeuten und unterdrücken.** Die Rastas sehen in diesem Zusammenhang

eine historische Kontinuität von Babylon und dem Römischen Reich (in biblischen Zeiten) über England und die anderen europäischen Großmächte (zur Zeit von Sklaverei und Kolonialismus) bis zur heutigen »New World Order« der USA und der multinationalen Konzerne. Diese Weltreiche sind alle Manifestationen derselben negativen, destruktiven Kraft (Edmonds 1998a: 24-26). Das heimliche internationale Zentrum der diabolischen Kräfte und Mächte ist nach Ansicht der Rastas der Vatikan, der in Zusammenarbeit mit der Mafia die Welt beherrscht. Der Papst gilt als Personifizierung des Teufels[42], und die Königin von England verkörpert die *Hure Babylon* aus der Offenbarung (Owens 1982: 76, 86 ff.; Yawney 1976: 246). Dementsprechend wird sie von den Rastas auch *Queen Elizabitch* genannt.

2) **Innerhalb von Staaten wird nach Ansicht der Rastas die Unterdrückung der Bevölkerung durch das *Babylon System*, eine »Verschwörung« (»conspiracy«) von Staat und Kirche, organisiert** (Owens 1982: 69–89). So leidet die schwarze Bevölkerung Jamaikas sowohl unter wirtschaftlicher und politischer als auch unter kultureller und religiöser Unterdrückung. Sizzla bringt die Verschwörungstheorie der Rastas in einem seiner Lieder folgendermaßen auf den Punkt:

Well, it has been so many years
In-a-slavery
Prime Minister, dem no care
Because dem done in a folly
Eleezeebet' o' England
Give 'em di aut'ority
To kill di people
Enslave di people
With christianity
And John Pope and di church
Dem in a conspiracy
While di Governor General
A-him-a-govern di money
And we di people in di ghetto
Have no liberty
Give us repatriation, justice
and equality![43]

(Sizzla 1998a: »Protect Us & Bless Us«).

Die Rastas meinen, die Politik orientiere sich nicht an den Interessen der Bevölkerung, sondern sei von Korruption bestimmt und diene nur der Täuschung und wirtschaftlichen Ausbeutung der schwarzen Bevölkerungsmehrheit. Deshalb sprechen sie nicht von *politics*, sondern von *politricks*, und bezeichnen das politische System als *shitstem*[44]. Die »Divide-et-impera«-Taktik der Römer bzw. die »Divide-and-rule«-Taktik des englischen Kolonialismus wird nach Ansicht der Rastas in Jamaika fortgeführt, indem die Bewohner der Ghettos von den politischen Parteien mit Schußwaffen ausgestattet und aufeinandergehetzt werden:

Der Löwe von Juda besiegt das satanische Tier (Wandmalerei).

They don't want to see us unite
All they want us to do is
Keep on fussing and fighting

They don't want to see us live together
All they want us to do is
Keep on killing one another

(Marley 1979: »Top Ranking«)

Die Sklaverei ist zwar offiziell längst abgeschafft, aber durch die »Verschwörung« (»conspiracy«) von Staat und Kirche werden die Menschen weiter ausgebeutet und in »geistiger Sklaverei« (»mental slavery«) gefangengehalten (Edmonds 1998a: 26–29). Eine kleine gesellschaftliche Elite bereichert sich auf Kosten der armen Bevölkerungsmehrheit, so wie ein Vampir seine Opfer aussaugt:

Babylon system is the vampire
Sucking the blood of the sufferers
Building church and university
Deceiving the people continually
Me say dem[45]

Graduating thieves and murderers
Look out now
They're sucking the blood of the
sufferers

(Marley 1979: »Babylon System«)

Das eigentliche Ziel von Institutionen wie Schule und Kirche ist laut Rasta-Perspektive ein »Weißwaschen« afrikanischer Denk- und Handlungsweisen durch die Vermittlung eines eurozentrischen Weltbildes. So verlangt die Kirche von den Menschen in Afrika und in der afrikanischen Diaspora, einen weißen Gott und einen weißen Jesus anzubeten. Die Rastas erkennen jedoch, daß die Verehrung eines weißen Gottes eine Legitimierung weißer Herrschaft bedeutet. Für sie ist es daher von essentieller Bedeutung, daß ihr Gott ein schwarzer Gott ist. Sizzla drückt das so aus:

> I have no white God
> Don't teach me anything wrong
> Oh, no white God save me from white man oppression
> I have no white God
> It's just a black Messiah
> If a white God-a-bless
> A-him no bless Sizzla
>
> (Sizzla 1998b: »True God«)

Indem die etablierten Kirchen einen gekreuzigten Jesus anbeten, verehren sie nach der Interpretation der Rastas den Tod und damit den Teufel. Sie vertrösten die Menschen auf das Jenseits, um sie davon abzuhalten, sich gegen die herrschende Unterdrückung zu wehren. Die Kirche verschafft dem Staat die moralische Rechtfertigung und wird dafür von diesem finanziell unterstützt. Die englische King-James-Version der Bibel betrachten Rastas als Fälschung der authentischen äthiopischen Bibel.[46] Ihr Inhalt ist daher besonders vorsichtig und kritisch zu analysieren und zu interpretieren (Owens 1982: 75, 82 ff.).

3) ***Babylon* ist die Bezeichnung der Rastas für die Vertreter aller staatlichen und kirchlichen Institutionen** (Edmonds 1998a: 25 f.). Im jamaikanischen Alltag ist mit *Babylon* meistens die Polizei gemeint, die den Marihuanakonsum der Rastas immer wieder zum Vorwand nimmt, um sie zu drangsalieren. *Babylon* wird dabei nicht nur als kollektiver Begriff verwendet, sondern es werden auch einzelne Polizisten so genannt. *Babylon* wird also zählbar, zum Beispiel in Linval Thompsons Lied »Six Babylon« (1979):

Six Babylon attack three dreadlocks
Just to lock them up because they're smoking a spliff[47]
Babylon – cool down your temper
Babylon – free up the dreadlocks.

4) ***Babylon* steht allgemein für jede Art von Unterdrückung und Ausbeutung, für Haß und Krieg zwischen den Menschen, für Entfremdung und Entwurzelung.** Das Bekenntnis zu Rastafari bedeutet eine radikale Distanzierung von *Babylon*, das heißt von der westlichen Gesellschaftsordnung. So weit wie möglich werden sämtliche Verbindungen zu den religiösen, politischen, wirtschaftlichen und gesellschaftlichen Organisationen *Babylons* abgebrochen.[48] Dieser radikale Bruch wird von den Rastas als *Verlassen Babylons bzw. Roms* (»leaving Babylon«/»leaving Rome«) bezeichnet (Owens 1982: 71). Horace Andy beschreibt die durch Rastafari bewirkte Bewußtseinsveränderung, das heißt den Wechsel von einer eurozentrischen zu einer afrozentrischen Perspektive, als Erleuchtung:

When I was a little child
I used to think Israel was in the sky
When I was a little child
I used to think Egypt was in the sky
According to the teaching
That I learned in school
Oh, how they used to beat I
To turn a fool [...]

When I was a little child
They used to say
›Rastaman is no good‹
I know I used to run from him
When he walked down the street
But let me tell you, people
He's the man
Who tells the truth [...]

When I was a little child
I didn't know my culture
When I was a little child
I didn't know
My foreparents were from Africa
All the things they used to teach I
Was about
England, Canada and America

But now
I'm in the light
I'm in the light
And it's shinin' bright

(Andy 1995 [1977]: »In the Light«)

# teil 4: symbole und rituale

Die Konstruktion einer afrikanischen Identität durch die Rastafari-Bewegung beschränkt sich nicht auf eine theoretische Dekonstruktion des eurozentrisch-rassistischen Diskurses. Durch eine Kombination zentraler Symbole und Rituale wird die Rasta-Tradition bewahrt und weitervermittelt. Dabei handelt es sich aber nicht um ein starres System. Die Symbole und Rituale wurden nicht zu einem bestimmten Zeitpunkt für alle Rastas verbindlich festgelegt, sondern sie entstanden in der dynamischen Verhandlung von Positionen innerhalb des Rasta-Diskurses. Für verschiedene Rasta-Individuen oder Rasta-Gruppen können dieselben Symbole von unterschiedlicher bzw. von unterschiedlich großer Bedeutung sein.

## Haile Selassie

### King Alpha im »Promised Key«

Zu Selassies Krönungszeremonie am 2.11.1930 kamen prominente Vertreter europäischer Staaten nach Addis Abeba. Für England nahm der Thronfolger Edward, Herzog von Gloucester und Sohn von König George V., teil. Er überreichte Selassie mehrere Geschenke; unter anderem gab er die Krone des äthiopischen Kaisers Tewodros zurück, die 1868 von den Engländern entwendet worden war. Nach der mündlichen Überlieferung der Rastas übergab der Herzog von Gloucester dem äthiopischen Kaiser auch das Zepter, dessen Besitz die Weltherrschaft garantiert. Dieses Zepter, so die Rasta-Legende, wurde zunächst von Julius Cäsar aus Äthiopien gestohlen und später von den Engländern aus Rom entwendet (Augier, Nettleford, Smith 1960: 48 f.). Die Rückgabe des Zepters an Selassie bedeutet also, daß Äthiopien endlich, nach jahrtausendelanger Unterdrückung, seine rechtmäßige Führungsrolle in der Welt zurückerhält. Die Rastas beziehen sich in diesem Zusammenhang auf Genesis 49,10. Dort heißt es:

- »Nie weicht von Juda das Zepter, / der Herrscherstab von seinen Füßen, / bis der kommt, dem er gehört, / dem der Gehorsam der Völker gebührt.«

Die Legende von der Rückgabe des Zepters taucht bereits in Leonard Howells Pamphlet »The Promised Key« auf. Howell veröffentlichte das vierzehnseitige Pamphlet 1935 unter seinem Pseudonym G.G. Maragh. Auf dem Titelblatt wird als Erscheinungsort die spätere ghanaische Hauptstadt Accra und als Herausgeber der nigerianische Verleger Nnamdi Azikiwe[49] angegeben. Wesentliche Teile des »Promised Key« übernahm Howell offensichtlich aus der Schrift »Royal Parchment of Black Supremacy«, die ein anderer jamaikanischer Prediger, Fitz Balintine Pettersburgh, 1926 veröffentlicht hatte (Lee 2000: 64 ff.). Der »Promised Key« beinhaltet eine fiktive Beschreibung der Krönungsfeierlichkeiten und zelebriert in sehr polemischer Form den Beginn einer durch Selassies Machtergreifung eingeläuteten Ära von *Black Supremacy*. Howell beschreibt, wie der Repräsentant des englischen Königshauses nach der Übergabe des Zepters vor dem neuen äthiopischen Kaiser niederkniet und die Unterwerfung Englands unter Selassies Herrschaft erklärt:

The Promised Key
by
G. G. Maragh
Dr. Nnamdi Azikiwe
Editor of
The African Morning Post
HEAD OFFICE
Accra, Gold Coast.

The Promised Key

> »The Duke fell down bending knees before His Majesty Ras Tafari the King of Kings and Lord of Lords and spoke in a loud voice and said, ›Master, Master, my father has sent me to represent him sir. He is unable to come and he said that he will serve you to the end Master‹« (Howell [1935] in Spencer 1998: 364).

Die Krönung Selassies symbolisiert für Howell eine völlige Umkehrung der Machtverhältnisse: Ein schwarzer Kaiser läßt sich von den ehemals mächtigen Weißen verehren, und er läßt sie die Arbeiten ausführen, die zuvor die versklavten AfrikanerInnen und ihre Nachkommen verrichten mußten: Im »Promised Key« ist von weißen Arbeitern die Rede, die die Straßen Äthiopiens bauen sollen und deren Arbeit von Ras Tafari persönlich überwacht wird. Ras Tafari steht im »Promised Key« als Symbol für eine radikale Umkehr der herrschenden sozialen und moralischen Ordnung: »Forward to the King of Kings to purify our social standards and our way of living, and rebuild and inspire our character« (ibid., S. 364 f.).

Der äthiopische Kaiser ist für Howell die Autorität, die die zerstrittenen Menschen in der afrikanischen Diaspora miteinander vereint. *King Alpha*,

King of Kings and Lord of Lords: Haile Selassie

wie Howell Selassie nennt, und seine Frau, *Queen Omega*, sind das Fundament für die »Wiederauferstehung« Äthiopiens (ibid., S. 371). Mit dieser Wiederauferstehung Äthiopiens ist eine radikale geistige und moralische Erneuerung aller schwarzen Menschen in Afrika und in der afrikanischen Diaspora gemeint. Die Anerkennung von Selassies absoluter Autorität symbolisiert die radikale Abkehr von einer eurozentrisch orientierten und die Konzentration auf eine afrozentrisch orientierte Lebensweise. Als schwarzer Gott steht Selassie für die Zerstörung der vom eurozentrischen Diskurs geschaffenen rassistischen Hierarchie, in der die Weißen die Herren sind und die Schwarzen die Sklaven.

Der äthiopische Kaiser steht also nicht nur für afrikanische Unabhängigkeit und Stärke *in Äthiopien*, das heißt innerhalb eines begrenzten geographischen Gebietes, sondern für afrikanische Unabhängigkeit und Stärke *weltweit*. Als lebendiger Gott ist der äthiopische Kaiser die absolute Autorität, der sich alle anderen weltlichen Herrscher unterordnen müssen, also auch der König/die Königin von England und die (kolonial-)staatlichen Autoritäten in Jamaika. Das Bekenntnis zu Ras Tafari bedeutete im Jamaika der 30er Jahre zunächst vor allem eine radikale Ablehnung der englischen Kolonialherrschaft, und dies ist der wichtigste Grund dafür, daß die Rastas von Anfang an von den staatlichen Autoritäten als Bedrohung betrachtet und verfolgt wurden. Die Namen *King Alpha* und *Queen Omega* gehen auf die Offenbarung zurück, in der es heißt:

- »Ich bin das Alpha und das Omega, spricht Gott, der Herr, der ist und der war und der kommt, der Herrscher über die ganze Schöpfung« (Offb 1,8).[50]

*King Alpha* und *Queen Omega* stehen demnach für Anfang und Ende der Schöpfung. Das göttliche Paar existierte also schon vor Adam und Eva. Die biblische Geschichte von Adam und Eva und ihrer Vertreibung aus dem Paradies ist für Howell eine Erfindung der Weißen. Während er Adam und Eva mit der weißen Rasse identifiziert und den Sündenfall mit der Versklavung, stellt Howell den äthiopischen Kaiser und die Kaiserin als die Erlöser der schwarzen Rasse dar, die die paradiesischen Zustände wiederherstellen:

- »King Alpha and Queen Omega said that they are Black Arch Sovreign of most Holy Times, and perfect Virginity, and Supreme Crown Head of Holy Times. The Pay Master and keeper of the Perfect Tree of Life and are Creators of Creation, Dynasties and Kingdoms, Holy Genealogy and Holy Theocracy, and Celestial in Terrestial Mediator if you wish to know their profession« (Howell [1935] in Spencer 1998: 379).

Nach Howell sind die Menschen mit schwarzer Hautfarbe die Früchte der Aussaat von *King Alpha*. Äthiopien bzw. Afrika sei aufgrund seiner Gutmütigkeit und Großherzigkeit von den Weißen mißbraucht und ausgeplündert worden. Die Schwarzen hätten ihren König aufgegeben und den Weißen jahrhundertelang als Sklaven gedient, aber nun sei die Zeit der weißen Herrschaft endgültig abgelaufen und werde durch *King Alpha* von einer neuen, ewigen Ära von *Black Supremacy* abgelöst. Weiße Haut sei das Ergebnis von Lepra, und die aussätzige weiße Rasse sei in dieser neuen Ära zum Aussterben verurteilt: »Adam Abraham Anglo Saxon the leper has no place in this earth if you please« (ibid., S. 381 f.). *King Alpha* und *Queen Omega* stehen somit für *Zion*, Adam und Eva für *Babylon*:

| **King Alpha und Queen Omega (Zion)** | **Adam und Eva (Babylon)** |
| --- | --- |
| • Paradies | → Vertreibung aus dem Paradies |
| • Kontinuität, Tradition | → Bruch |
| • schwarz = göttlich | → weiß = leprakrank |
| • äthiopisch/afrikanisch | → angelsächsisch/europäisch |

Als »lebendiger Gott« steht *King Alpha* nach Howell im Gegensatz zur offiziellen Kirche, die die Menschen auf das Jenseits vertröstet und den Teufel anbetet (ibid., S. 384).

Der »Promised Key« wurde 1935 veröffentlicht, also im selben Jahr, in dem auch der italienische Angriff auf Äthiopien stattfand. Ob der Krieg zum Zeitpunkt der Veröffentlichung bereits begonnen hatte oder kurz bevorstand, ist nicht bekannt. Auf jeden Fall wird bereits im »Promised Key« der Papst als Erzfeind des äthiopischen Kaisers dargestellt, und Howell ruft die Menschen in der afrikanischen Diaspora zur Unterstützung Selassies im Kampf gegen den Papst und »seine Agenten«, das heißt vor allem Mussolini, auf:

- »Dear inhabitants of this Western Hemisphere, the King of Kings warriors can never be defeated, the Pope of Rome and his agents shall not prevail against the King of Kings host warriors you all must stand up, stand up, for the King of Kings« (ibid., S. 369).

Der Krieg zwischen Äthiopien und Italien wurde von den Rastas als der in der Offenbarung prophezeite Kampf zwischen dem zurückgekehrten »schwarzen Messias« (Selassie) und dem »satanischen Tier« (Mussolini) interpretiert.[51] Die Rastas waren von der Unbesiegbarkeit des »Löwen von Juda« überzeugt.[52] Ein Leitmotiv der Rastas ist seit den 30er Jahren der Ausspruch: »The Lion of Judah shall break every chain and bring us victory again and again«[53] (Zips 1994a: 18).

**Jah-Jah**

Howell nennt den äthiopischen Kaiser in seinem Pamphlet *King Ras Tafari* und *King Alpha*. Der Name *Haile Selassie*, den Ras Tafari Makonnen bei seiner Krönung annahm, taucht im »Promised Key« überhaupt nicht auf. Warum Howell den Namen *Ras Tafari* vorzog und warum die Bewegung so benannt wurde, während sich der äthiopische Kaiser nach seiner Krönung nur noch *Haile Selassie* nannte, ist nicht geklärt. Eine mögliche Erklärung ist, daß Selassie schon vor seiner Krönung in der afrikanischen Diaspora als Hoffnungsträger galt und von vielen in den 30er Jahren aus Gewohnheit weiter *Ras Tafari* genannt wurde. Allerdings ist es merkwürdig, daß der Name *Haile Selassie* im »Promised Key« überhaupt nicht auftaucht, während dem äthiopischen Kaiser von Howell eine Fülle weiterer Titel zugeschrieben wird:

- King Ras Tafari
- King Alpha
- King of Kings
- Lord of Lords
- conquering Lion of Judah
- Elect of God
- Light of the world
- His Majesty
- His Royal Highness of Ethiopia
- Pay Master
- Black Arch Sovreign of most Holy Times
- Monarch of life
- Earth Superior
- perfect Royal Head of the World
- Biblical Sovreign of this world
- Ever Living Sovreign owner of life
- master builder of Creation
- living Creator
- Heaven and Earth's Creator
- First and Last
- beginning and ending
- Everliving God / living God
- Supreme God

Die Titel 1 bis 16 betonen in erster Linie Selassies weltliche Macht und seine absolute Überlegenheit über sämtliche anderen weltlichen Herrscher. Dagegen wird er in den Titeln 17 bis 23 ausdrücklich als Gott bzw. Schöpfer bezeichnet. Der Gegensatz zwischen Göttlichkeit und Weltlichkeit hebt sich also in der Person des äthiopischen Kaisers auf. So ist Selassie gleichzeitig Auserwählter Gottes (»Elect of God«) und der lebendige Gott persönlich (»living God«). Das Rezitieren der zahlreichen Titel, die Selassie zugeschrieben werden, ist auch heute noch ein wichtiger Bestandteil von *Rasta-Reasonings*. Zu den Titeln, die sich bereits im »Promised Key« finden, sind etliche weitere hinzugekommen, zum Beispiel:

- Jah/Jah Rastafari
- Emperor Selassie-I[54]
- His Imperial Majesty (H.I.M.)
- I-n-I[55] Divine Majesty
- Almighty
- Most High
- Eternal High
- Triumphant High
- First Ancient King of Creation
- Omnipotent

(Owens 1982: 119 ff.).

Im Laufe der Jahre wurde *Jah* die von den Rastas am häufigsten gebrauchte Bezeichnung für ihren Gott. Meistens wird der Name *Jah* als Abkürzung des biblischen Gottesnamens *Jehovah* bzw. *Juhwe* interpretiert. Owens meint, *Jah* stamme aus der Bibel der Zeugen Jehovahs, die auch von einigen Rastas benutzt werde. In dieser Version der Bibel werde in Offenbarung 19 *Hallelujah* mit *Praise Jah* übersetzt. Nach Homiak (1987: 244) wird in der englischen King-James-Version der Bibel in Psalm 68 *Jehovah* mit *Jah* übersetzt.

Campbell (1985: 154 f.) verweist darüberhinaus auf einen möglichen – und meiner Meinung nach sehr plausiblen – Zusammenhang zwischen dem Namen *Jah* als Bezeichnung für den Gott der Rastas (Selassie) und dem afrikanischen König *Jaja* von Opobo. Jaja stammte aus dem Ibo-Gebiet im heutigen Nigeria. Er war ein ehemaliger Sklave, der nach seiner Befreiung zunächst als Händler eine gewisse Machtposition erreichte, bevor er zum Chief des Anna Pepple House ernannt wurde. 1870 gründete er ein eigenes Königreich, das er Opobo nannte. Als König von Opobo war Jaja die mächtigste Figur im östlichen Niger-Delta (Dike 1956: 182–202). Nachdem er dem Vordringen der Engländer am Qua Ibo River jahrelang erfolgreich Widerstand geleistet hatte, wurde er von ihnen 1887 schließlich mit einem Trick gefangengenommen: Die Engländer hatten Jaja einen Friedensvertrag angeboten, doch als er zur Unterzeichnung erschien, nahmen sie ihn fest. Jaja wurde in das Gebiet des heutigen Ghana und von dort aus in die Karibik deportiert. Den Rest seines Lebens verbrachte er auf den Karibikinseln Grenada und St. Vincent. Laut Campbell war Jaja bei der afrokaribischen Bevölkerung sehr beliebt: Unter anderem wurden ihm zu Ehren verschiedene Calypso-Lieder komponiert. In zahlreichen Reden setzte sich Jaja in der Karibik für den afrikanischen Unabhängigkeitskampf ein (Campbell 1985: 154 f.). Abgesehen von König Jajas Popularität in der Karibik als lebendige Symbolfigur des afrikanischen antikolonialen Widerstandes spricht auch die Tatsache, daß die Rastas diesen Gottesnamen oft in der verdoppelten Form gebrauchen, für eine Verbindung des Namens *Jah* mit *Jaja*. So singt zum Beispiel Bob Marley im Refrain seines Liedes »Jah live«:

Jah live
Children, yeah
Jah-Jah live
Children, yeah

(Marley zit. in Owens 1982 [1976]: 280).

**Selassie in Fleisch und Blut**

Als historische Figur wird Haile Selassie von den meisten Rastas nur nach seinen außenpolitischen Erfolgen und seinem Beitrag zum Panafrikanismus (vor allem als Vorsitzender der OAU) beurteilt. Die Innenpolitik, für die Selassie verantwortlich war, und seine Beziehungen zur äthiopischen Bevölkerung, werden von ihnen dagegen ausgeblendet (s.z.B. Bones 1987: 38–69). Wie in anderen Bereichen gehen die Rastas auch hierbei selektiv vor, das heißt, sie wählen nur diejenigen Aspekte aus, die in ihr *Zion-Babylon*-Schema passen. Da Selassie als zentrales Symbol zu *Zion* gehört, werden ausschließlich positive Aspekte aus seiner Biographie ausgewählt und die negativen ausgelassen. Jede Form von Kritik an Selassie wird als babylonische Propaganda zurückgewiesen. Diese selektive Vorgehensweise kann natürlich zu Konflikten führen, vor allem mit ÄthiopierInnen, die Haile Selassie aufgrund konkreter historischer Erfahrungen als Identifikationsfigur ablehnen.

Im Verlauf der von der jamaikanischen Regierung organisierten *Mission to Africa* kam es in Addis Abeba zu einem ersten Zusammentreffen Haile Selassies mit Vertretern der Rastafari-Bewegung. Weder bei diesem Treffen noch bei seinem Staatsbesuch in Jamaika bestätigte der äthiopische Kaiser die Behauptung der Rastas, er sei Gott, aber er fühlte sich auch zu keinem Zeitpunkt dazu veranlaßt, diese Behauptung öffentlich für falsch zu erklären (Dijk 1993: 154; Clarke 1986: 51).

Am 21.4.1966 kam Selassie zu einem Staatsbesuch nach Jamaika. Am Flughafen hatten sich ca. 100000 Menschen versammelt, darunter ca. 10000 Rastas. Viele Rastas trugen feierliche lange weiße Gewänder. Einige schwenkten riesige äthiopische Flaggen, andere sangen, trommelten, beteten oder rauchten Marihuana. Den ganzen Vormittag hatte es geregnet, und die Rastas sollen gerufen haben: »When God comes, the sun will come out«. Als Selassies Flugzeug schließlich den Boden berührte, hörte es auf zu regnen und die Sonne kam hinter den Wolken hervor! Hunderte von Rastas stürmten zum Flugzeug, um ihren lebendigen Gott zu berühren. Haile Selassie erschien kurz in der offenen Tür, zog sich dann aber wieder ins Innere des Flugzeuges zurück. Erst die Intervention des bekannten Rasta-Führers Mortimo Planno brachte die Rastas dazu, den Weg für den Kaiser frei zu machen. Als Selassie das Flugzeug verließ, weinte er. Für die Rastas war das ein Zeichen dafür, daß ihn ihre Begrüßung tief gerührt hatte. Gegner der Rastas behaupteten dagegen, Selassie seien aus Angst vor den Rastas die Tränen gekommen. Durch den Tumult, den die Rastas am Flughafen veranstaltet hatten, war die offizielle Begrüßungszeremonie geplatzt: Es wurden weder Nationalhymnen gespielt noch Reden gehalten und nicht einmal Hände geschüttelt. Stattdessen wurde der Kaiser sofort zu der wartenden Eskorte gebracht, um den Flughafen so schnell wie möglich zu verlassen.

Bei den offiziellen Feierlichkeiten zu Ehren Selassies im Nationalstadion in Kingston setzten sich die Demonstrationen von Begeisterung fort. Der Staatsbesuch demonstrierte überdeutlich, daß nicht nur die Rastas, sondern auch viele andere Afro-JamaikanerInnen auf der emotionalen Ebene mehr mit Selassie verband als mit jamaikanischen und englischen Politikern. Keiner anderen Persönlichkeit wurde in Jamaika jemals ein so begeisterter Empfang bereitet wie Haile Selassie. Nur einen Monat vor Selassie hatte die englische Queen, das nominelle Staatsoberhaupt Jamaikas, die Insel besucht. Sie wurde mit aufwendigen Maßnahmen von der jamaikanischen Bevölkerung abgeschirmt (Dijk 1993: 171–174; Owens 1982: 250–253; Augier, Nettleford, Smith 1960: 145–147). Am 22.4.1966 empfing Selassie insgesamt 13 führende Rastas von acht Rasta-Gruppen zu einer privaten Audienz. Beim Empfang in der Villa des jamaikanischen Premierministers wurde dem Kaiser eine Ausstellung von Rasta-Kunsthandwerk präsentiert, und es fand ein kurzer Auftritt der Trommler der Mystic Revelation of Rastafari statt. Auch zu der abendlichen Cocktail-Party im Sheraton-Hotel waren Rastas als Gäste geladen (Dijk 1993: 175 f.).

## Jah live!

1974 wurde Haile Selassie durch einen marxistischen Militärputsch gestürzt. Am 28.8.75 ließen die neuen Machthaber verkünden, der unter Hausarrest stehende Selassie sei an Herzversagen gestorben. Für die große Mehrheit der Rastas waren die Nachrichten von Selassies Tod nichts weiter als *babylonische* Propaganda. Sie waren der Ansicht, Gott könne niemals sterben. Auch wenn sein körperliches Dasein beendet war, blieb Selassie für die Rastas daher genauso lebendig wie zuvor (ibid., S. 210). Bob Marley drückte diese Einstellung in seinem Lied »Jah live« aus, das er nur wenige Tage nach der Nachricht von Selassies Tod aufnahm:

Fools say in their hearts
›Rasta, your god is dead‹
But I-n-I know
Jah-Jah!
Dread, it shall be dreader dread
Jah live
Children, yeah!
Jah-Jah live
Children, yeah

(Marley, zit. in Owens 1982: 280).

Auch in aktuellen Consciousness-Reggae-Liedern wird betont, daß der Gott der Rastas weiterlebt:

How come you could-a-say
›Di King get murdered‹
When dem cyaan[56] find him body
And him throne still empty
[...]
Jah-Jah name-a-blow in-a-di wind
An' it-a-whistle by di bud
Rest upon di storm
Rise upon di flood
[...]
The Man is still alive
'Cause I can feel his energy
Power of the Trinity
And his divinity
Outlive you and me
Till infinity
Jah no dead
Jah no dead
Jah-Jah live on
On and on and on
Jah no dead
Jah no dead
Jah-Jah live on
In the heart of man

(Kelly 2002: »Jah Live On«).

**Selassie als spirituelle Kraft**

*Babylons* Propaganda verfolgt nach Ansicht der Rastas einzig und allein das Ziel, daß sie den wahren Glauben aufgeben und sich wieder dem Gott im Himmel der etablierten christlichen Kirchen zuwenden. Demnach will *Babylon* die Rastas dazu bringen, Gott wieder im Jenseits zu suchen und nicht in sich selbst. Die Rastas sind jedoch sicher, daß Selassie weiter auf seinem Thron sitzt, denn das Herz eines Rastas ist der eigentliche Thron:

Jah take the heart of man
to be his secret dwelling-place
which is the throne!
The heart of man is the throne!
Mount Zion!
Is the throne!
That is why no one can't take it at all
because he himself is the throne,
he is just the throne

(Rasta-Reasoning, zit. in Owens 1982: 269 f.).

In diesem Zitat wird deutlich, daß Selassie für die Rastas nicht so sehr als historische Persönlichkeit, sondern in erster Linie als positive spirituelle Kraft von großer Bedeutung ist. Ansätze, die davon ausgehen, man könne mit wissenschaftlichen Methoden beweisen, daß Selassie nicht der Gott der Rastas sei,[57] sind unbrauchbar, da sie sich auf der falschen Ebene bewegen. Das Bekenntnis zu Rastafari ist letztendlich eine subjektive Entscheidung, eine Frage von Inspiration, und nicht das Ergebnis wissenschaftlicher Diskussion:

So it never take one to go out there in college
to know of the Creator.
You couldn't know of the Creator out in the college
for you have only paper,
and Jah is not paper.
Jah is I-ritual life,
that liveth within the heart

(ibid., S. 272).

Die Rastas *glauben* nicht an Selassies Göttlichkeit, sondern sie *wissen*, daß Selassie Gott ist bzw. sie *kennen* Selassie. Es genügt nicht, sich bloß zu Selassie zu bekennen: Die Rastas erwerben ihr »Wissen«, indem sie bei *Nyabinghi*-Veranstaltungen, in *Reasonings*, durch Bibellektüre und Meditationen und mit Hilfe des »Krauts der Weisheit« (»weed of wisdom«), Marihuana, die spirituelle Kraft Selassies konkret *erfahren* (Owens 1982: 90). Im Gegensatz zum weißen Gott der etablierten christlichen Kirchen ist der schwarze Gott der Rastas ein tatsächlich lebendiger Gott. Selassie verspricht keine Belohnung im Jenseits, sondern ist eine Kraft, die jeder Rasta im »Hier und Jetzt« erfährt. Für sehr viele Rastas ist die Person Haile Selassies vor allem die perfekte Verkörperung von Göttlichkeit. Diese göttliche Kraft, die er verkörpert, ist nichts Jenseitiges, sondern eine lebendige, erfahrbare Kraft, da sie potentiell in *allen* Menschen steckt. Die Rastas sind jedoch die einzigen, die diese Kraft tatsächlich erkennen und erleben (Owens 1982: 43, 116; Clarke 1986: 66):

- »We are coming to tell the world that man is God and God is man!« (Emmanuel, zit. in Owens 1982: 117).

Gott ist für die Rastas also kein Geist, sondern eine positive Kraft, die sich in jedem einzelnen Rasta in Fleisch und Blut manifestiert. Da Selassie in den Herzen der Rastas immer lebendig sein wird, kann er niemals sterben. Selassie ist für die Rastas *Alpha und Omega*, das heißt Anfang und Ende der Schöpfung. Solange die Welt existiert, kann Selassie folglich nicht sterben. Auch wenn Selassies Körper verschwunden ist, wird sich seine göttliche Kraft also trotzdem weiterhin in anderen Formen offenbaren. Die Gewißheit, daß Selassie als die positive spirituelle Kraft, die er für sie bedeutet, niemals sterben wird, gibt den Rastas Halt und Zuversicht. So heißt es auch mehr als 20 Jahre nach der Nachricht vom Tod des äthiopischen Monarchen in einem Rasta-Lied:

As Emperor Selassie-I was in the beginning
He's now and ever shall be
Be glorious in your powers while I sing
To His Own Divine Majesty

(Sizzla 1999: »As in the Beginning«).

David, Salomo, Jesus und Selassie sind für die Rastas Inkarnationen ein und derselben göttlichen Kraft (Owens 1982: 102–105 und 141–143). Einige Rastas ersetzen den Namen *Jesus* durch *Negus* (Amharisch fur *König*): »Negus Christ Our Lord« (ibid., S. 122 f.). Die Abkürzung *I. N. R. I.* wird mit *I Negus Rule Ithiopia* übersetzt (Birhan 1982: 85). Das »Verschwinden« des äthiopischen Kaisers vergleichen die Rastas mit der Kreuzigung Jesu Christi. Diejenigen, die die Nachricht von Selassies Tod verbreiten, repräsentieren für sie dieselben satanischen Kräfte, die für die Kreuzigung verantwortlich sind:

> Let the fools be fooled
> and the wise be wiser still. (*In this time and for I-ver.*)[58]
> [...]
> For even the people who are saying
> that Jah dead
> They were the people
> who try to crucify the man from such time.
> So that is *their* work
> and they would have to carry it on
> even until this time
>
> (Rasta-Reasoning, zit. in Owens 1982: 263).

Mitglieder der Twelve Tribes of Israel behaupteten in den 80er Jahren, sie hätten das gemeinsame Grab von Haile Selassie und seiner Frau in Addis Abeba geöffnet, dabei jedoch nur den Leichnam der Kaiserin gefunden.[59] Die Tatsache, daß es kein offizielles Begräbnis gab und der Leichnam Selassies auch sonst in keiner Form der Öffentlichkeit präsentiert wurde, war für die Rastas der Beweis dafür, daß ihr Gott nicht gestorben, sondern lediglich verschwunden war (Dijk 1993: 211 ff.; Homiak 1987: 244). Tatsächlich wurden Selassies sterbliche Überreste erst nach dem Sturz des Mengistu-Regimes 1991 in einer Kammer unter Mengistus Büro gefunden. Es stellte sich heraus, daß der Kaiser bereits im November 1974 ermordet worden war. Für sehr viele Rastas handelte es sich auch bei diesen neuen Nachrichten bloß um Gerüchte und Propaganda. An der feierlichen Umbettung von Selassies Leichnam in Addis Abeba am 5.11.2000 nahmen zwar auch einige Rastas aus verschiedenen Ländern teil. Die meisten Rastas betrachteten dieses Spektakel jedoch als Blasphemie und forderten daher einen Boykott der Feierlichkeiten (s. Dpa 2000; Gonschior 2000; Shiferaw 2000).

Haile Selassie dient sehr vielen Rastas auch weiterhin als ein wichtiges Symbol für die Befreiung schwarzer Menschen von rassistischer Unterdrückung und für die Artikulation eines positiven schwarzen Selbstbewußtseins. Alles in allem bedeutet der lebendige Gott Haile Selassie bzw. *Jah* für die Rastas in erster Linie eine positive spirituelle Kraft, die ihnen hilft, in *Babylon* zu überleben:

> It's a rough road
> So as I trod along
> Guide I, oh Jah, with thy mighty hand
> It's a rough road
> And I have to make my footstep sure
>
> (Prezident Brown 1999: »Rough Road«).

## Repatriation

### Afrika als spirituelle Heimat

Ein häufig zitierter Rasta-Slogan ist »Repatriation is a must« (Owens 1982: 231). *Repatriation*, das heißt die Rückkehr der Nachfahren der versklavten AfrikanerInnen nach Afrika, ist also ein Ziel, das für die meisten Rastas von essentieller Bedeutung ist.[60] Die Rastas identifizieren sich persönlich so sehr mit ihren Vorfahren, die aus Afrika entführt und versklavt wurden, daß sie eine starke Sehnsucht nach dem Kontinent verspüren. Sam Brown, der in den 60er und 70er Jahren zu den führenden Rasta-Persönlichkeiten in Jamaika zählte, drückt das folgendermaßen aus: »I, personally, as one who has been stolen from the continent of Africa nearly 500 years ago, know that our salvation does not lie in Jamaica but in our return to a liberated Africa« (zit. in Owens 1982:231).

Die meisten Rastas betrachten nicht Jamaika als ihre Heimat, sondern Äthiopien bzw. Afrika. Mit dem Namen Äthiopien bezeichnen die Rastas sowohl das Land Äthiopien als auch den ganzen Kontinent Afrika. Jamaika wird von ihnen als Produkt der Sklaverei angesehen und deshalb mit *Babylon* identifiziert, das heißt, es steht für Heimatlosigkeit, Entwurzelung, Entfremdung, Unterdrückung und Leid. Äthiopien wird für die Rastas dagegen zur spirituellen Heimat. Als solche steht es für die afrikanischen Wurzeln (*Roots*), für ursprüngliche afrikanische Kultur, für afrikanische Tradition und Geschichte. Dabei spielt es für die Rastas keine Rolle, daß die versklavten AfrikanerInnen, die nach Jamaika verschleppt wurden, nicht aus Äthiopien, sondern aus verschiedenen Regionen West- und Zentralafrikas stammten. Es geht ihnen nicht darum, konkrete afrikanische Spuren in Jamaika auszugraben oder verschüttete historische afrikanische Traditionen wiederzubeleben, sondern sie erfinden eine neue »afrikanische Tradition«, stellen damit eine spirituelle Verbindung zur Zeit vor dem Bruch der Sklaverei her und konstruieren so ein neues Afrika als ihre spirituelle Heimat. Als spirituelle Heimat wird Äthiopien/Afrika für die Rastas auf der religiösen Ebene zum gelobten Land bzw. zum Paradies. Entsprechend ihrer Identifizierung mit den von Gott auserwählten, aber von *Babylon/Rom* verschleppten und unterdrückten Juden aus der Bibel verwenden die Rastas die Namen *Zion* und *Israel* als Synonyme für *Afrika* und *Äthiopien.*

Wenn die Rastas von *Repatriation*, also der Rückkehr der Nachfahren der versklavten AfrikanerInnen nach Afrika/Äthiopien, sprechen, ist damit vor allem die *spirituelle* Rückkehr nach Afrika, das heißt die Hinwendung zu einer afrozentrischen Lebensweise, gemeint. In diesem Sinne steht *Repatriation* als zusammenfassender Begriff für die Konstruktion einer afrikanischen Identität durch die Rasta-Symbole und -Rituale. Daß für die Rastas in der Regel die *spirituelle Repatriation* im Vordergrund steht, schließt jedoch nicht die Möglichkeit der *physischen Repatriation* aus. Für die Rastas besteht im Prinzip kein Gegensatz bzw. keine strikte Trennung zwischen der spirituell-religiösen und der weltlichen Ebene.

### Repatriation 1930–60

In den 30er Jahren sagten die Rastas, ihre Bärte würden das Wasser des Ozeans teilen und ihnen so ermöglichen, zu Fuß nach Afrika zurückzukehren (Post 1978: 189; Hill 1983: 34). Auf der symbolischen Ebene spielte *Repatriation* in der Rastafari-Bewegung also von Anfang an eine Rolle. Die ersten Rastas wurden auch von der *Back-to-Africa*-Rhetorik Marcus Garveys beeinflußt (s.z.B. Garvey 1967 [1925]: 40, 122; Essien-Udom, Garvey 1977: 133 f.). Bis Anfang der 50er Jahre beteiligten sich viele Rastas an den *Back-to-Africa-Marches* der UNIA in Jamaika. In den 50er Jahren begannen US-amerikanische Konzerne, in Jamaika Bauxit abzubauen. Zu diesem Zweck kauften sie sehr viel Land auf, so daß viele JamaikanerInnen, die bis dahin in der Landwirtschaft beschäftigt gewesen waren, ihre Arbeit verloren. Dies war der Hauptgrund dafür, daß die Zahl der jamaikanischen MigrantInnen in dieser Periode sehr stark zunahm: Einerseits migrierten sehr viele Menschen aus den ländlichen Gebieten in die Städte, vor allem nach Kingston. Andererseits emigrierten in den 50er Jahren noch mehr JamaikanerInnen als vorher ins Ausland, die meisten nach England.[61] Der Kommentar der Rastas zu dieser Migrationswelle war: »Africa Yes, England No«. Statt *Migration* nach England, das offiziell immer noch als »Mutterland« der JamaikanerInnen bezeichnet wurde, forderten sie *Repatriation* nach Afrika (Campbell 1985: 128 f.).

Als Selassie 1955 über die Ethiopian World Federation (EWF) den Menschen in der afrikanischen Diaspora zum Ausdruck seiner Dankbarkeit für ihre Unterstützung Äthiopiens während des Krieges gegen Italien ein 200 Hektar großes Stück Land aus seinem Privatbesitz zur Verfügung stellte,[62] interpretierten die Rastas dies als eine Aufforderung ihres lebendigen Gottes zu *Repatriation*. In den folgenden Jahren rückte das Thema *Repatriation* ins Zentrum des Rastafari-Diskurses.

**Mission to Africa**

Im »University Report« von 1960 wurde *Repatriation* als wichtigstes Ziel der Rastafari-Bewegung bezeichnet: »All the brethren want to be repatriated to Ethiopia« (Augier, Nettleford, Smith 1960: 16). Die Verfasser des Reports betonten, daß *Repatriation* nicht unmöglich sei. Die Forderungen der Rastas waren ihrer Ansicht nach aus vier Gründen durchaus berechtigt:

- Jeder Bürger Jamaikas sollte das Recht haben auszuwandern.
- Die Rastas haben starke emotionale und religiöse Beziehungen zu Afrika.
- Jamaika ist überbevölkert.
- »From a racial point of view« erscheint Afrika als geeigneteres Ziel für die Migration von Menschen aus Jamaika als England (ibid., S. 34).

Aus diesen Gründen forderten die drei Wissenschaftler die Regierung dazu auf, die Initiative zu ergreifen und die Möglichkeiten für jamaikanische Migration nach Afrika zu untersuchen. Sie schlugen vor, eine *Mission* nach Äthiopien und in andere afrikanische Länder zu schicken, an der auch Vertreter der Rastafari-Bewegung beteiligt werden sollten. Die jamaikanische Regierung setzte diesen Vorschlag der Verfasser des »University Reports« dann unverzüglich in die Tat um. Nachdem Premierminister Norman Manley (PNP) die *Mission to Africa* am 2.8.1960 in einer Presseerklärung angekündigt hatte, reagierte ein großer Teil der jamaikanischen Öffentlichkeit mit Unverständnis und offener Kritik auf seine Entscheidung, die Rastas an der *Mission* zu beteiligen.

In den darauffolgenden Verhandlungen mit Manley stellten die Rastas unter anderem die Forderung, die 20 Mio. Pfund, die England den Nachkommen der Sklaven ihrer Meinung nach schuldete (s.u.), sollten nun für die Finanzierung von *Repatriation* verwendet werden. Außerdem wollten sie nicht nur vier, sondern acht afrikanische Länder besuchen. Dies zeigt, daß nicht nur das Land Äthiopien, sondern der ganze afrikanische Kontinent für die Rastas das Ziel von physischer *Repatriation* ist. Die Mehrheit der Rasta-Vertreter entschied sich schließlich dazu, die Afrika-Reise zu boykottieren. Sie protestierten damit dagegen, daß es offiziell nicht um *Repatriation*, sondern um *Migration* gehen sollte.

Aufgrund der Boykotte gelang es dem Premierminister nicht, die fünf für die Rastafari-Bewegung vorgesehenen Plätze zu besetzen, und so nahmen nur drei Rastas (Douglas Mack, Filmore Alvaranga und Mortimo Planno) an der *Mission* teil. Außer den Rastas und der Ethiopian World Federation (EWF) beteiligten sich drei weitere afrozentrisch orientierte Gruppen an der Reise: die Universal Negro Improvement Association (UNIA), die Afro-West Indian Welfare League und die Afro-Caribbean League (Dijk 1993: 141–153). Die *Mission to Africa* von 1961 führte nach Äthiopien (eine Woche), Nigeria (zwei Wochen), Ghana (eine Woche) und Sierra Leone (eine Woche). In Äthiopien trafen die Teilnehmer der *Mission* zunächst mit dem Erzbischof der Ethiopian Orthodox Church (EOC), Abuna Basilios, zusammen. Die Rastas behaupteten später in ihrem Minority Report, der Abuna habe ihre Bibelinterpretation respektiert: »We discussed H.I.M. Emperor Haile Selassie being the returned Messiah. His Holiness the Abuna told us at the conclusion of the discussions that the Bible can be interpreted that way« (zit. in Dijk 1993: 154).

Am 21.4.1961 wurden die drei Rastas von Haile Selassie zu einer Privataudienz empfangen. In ihrem Minority Report verglichen sie das Treffen mit ihrem »lebendigen Gott« mit dem Besuch der Heiligen Drei Könige bei Jesus.

Der Kaiser habe ihnen versichert, Äthiopien werde Menschen aus der Diaspora, die nach Afrika zurückkehren wollten, jederzeit mit offenen Armen empfangen, und Äthiopien sei groß genug, um alle Menschen aus der afrikanischen Diaspora aufzunehmen. Die Rastas überreichten Selassie unter anderem eine Holzschnitzerei mit einer Karte von Afrika auf der einen und einem Porträt des Kaisers auf der anderen Seite und einen von Mortimo Planno selbst gewebten Schal in den Farben rot, gelb und grün. Die Teilnehmer der *Mission* trafen sich außerdem mit Mitgliedern der äthiopischen Regierung und besuchten unter anderem das von Selassie für die Menschen aus der Diaspora zur Verfügung gestellte Stück Land in der Nähe der Stadt Shashemene, wo zu diesem Zeitpunkt nur eine kleine Gruppe afroamerikanischer Siedler lebte.

Auch in den anderen Ländern wurde die jamaikanische *Mission* von hochrangigen Politikern (unter anderem Kwame Nkrumah) empfangen. Übereinstimmend berichteten die Teilnehmer der *Mission*, daß der Empfang in allen afrikanischen Ländern sehr herzlich gewesen sei, und daß die afrikanischen Politiker großes Interesse an den Migrationsplänen von Menschen aus Jamaika bekundet hätten. Über Details gab es jedoch unterschiedliche Auffassungen. Die Rastas konnten sich mit den anderen Teilnehmern nicht auf einen gemeinsamen Bericht einigen, so daß schließlich zwei verschiedene Versionen verfaßt wurden: ein *Minority Report* der drei Rastas sowie ein *Majority Report* der übrigen Teilnehmer. Während im *Majority Report* betont wurde, daß die afrikanischen Politiker auf die Schwierigkeiten von Einwanderung nach Afrika aufmerksam gemacht hätten, und daß sie nur ImmigrantInnen mit besonderen handwerklichen oder akademischen Qualifikationen aufnehmen würden, sprach der *Minority Report* von einer grundsätzlichen Bereitschaft der afrikanischen Regierungen, alle Menschen aus der Diaspora aufzunehmen[63] (Nettleford 1972: 69; Dijk 1993: 154 ff.).

Einerseits zeigte die *Mission*, daß physische *Repatriation* eine komplexe Angelegenheit war, die ohne sorgfältige Organisation und Planung nicht funktionieren konnte. Andererseits brachte sie auch die Erkenntnis, daß physische *Repatriation* eine konkrete Möglichkeit war und die Rastas ihre Hoffnungen darauf nicht aufzugeben brauchten.

Daß die PNP-Regierung ein ernsthaftes Interesse an der Erforschung der Möglichkeiten von Migration nach Afrika hatte, zeigte sich darin, daß sie

1962 – diesmal ohne Beteiligung von Rastas – eine »technische Mission« nach Nigeria, Ghana und Äthiopien schickte. Diese technische Mission besuchte unter anderem die Siedlung von Shashemene. Die Siedler, die sich bereits in Shashemene befanden, bekundeten ihr Interesse an einem Eintreffen weiterer Siedler aus Jamaika. Nachdem sich in den 60er Jahren die ersten Rastas in Shashemene niedergelassen hatten, kam es jedoch zu Konflikten wegen der Landverteilung und wegen organisatorischer Fragen (Nettleford 1972: 71). Von der in den Wahlen von 1962 an die Macht gekommenen JLP-Regierung wurden dann weder die Ergebnisse der technischen Mission beachtet noch weitere Anstrengungen in bezug auf Migration nach Afrika unternommen. Auch die von Mortimo Planno ausgesprochene Drohung, wenn die Regierung die Forderung der Rastas nach *Repatriation* nicht berücksichtige, werde es bald zu einem jamaikanischen Mau-Mau-Aufstand kommen, konnte daran nichts ändern (Dijk 1993: 168).

Daraufhin ergriffen die Rastas selbst die Initiative: Mit finanzieller Unterstützung des New Yorker African Repatriation Committee unternahmen Ende 1963 Filmore Alvaranga und Douglas Mack, die schon 1961 bei der staatlich gesponsorten *Mission* dabei gewesen waren, sowie Samuel Clayton eine weitere, fünfzehnmonatige Afrika-Reise, die sie nach Äthiopien, Kenia, Nigeria und Ghana führte. In Äthiopien blieben die drei Rastas sechs Monate. Sie überreichten Haile Selassie eine Liste mit den Namen und Berufsbezeichnungen Tausender ausreisewilliger Rastas aus Jamaika. Sie berichteten später, daß Haile Selassie sie zu regelmäßigen Audienzen empfangen und sämtliche Unkosten ihres Aufenthalts übernommen habe. Außerdem habe der äthiopische Kaiser ihnen erneut seine Unterstützung in der Frage der *Repatriation* zugesagt. Die drei Rastas sagten, sie hätten für immer in Äthiopien bleiben und die äthiopische Staatsbürgerschaft annehmen können, wenn sie gewollt hätten. Sie seien jedoch nach Jamaika zurückgekehrt, um die Bewegung zu zentralisieren und so für *alle* Rastas die Voraussetzungen für eine organisierte *Repatriation* zu schaffen.

Im Mai 1965 gründeten die drei die Rastafarian Brethren Repatriation Association. Diese Organisation zeigte unter anderem Filme über Äthiopien und veranstaltete Amharischkurse und Kurse über afrikanische Geschichte und Kultur, um die Rastas auf *Repatriation* vorzubereiten (Nettleford 1972: 72–74; Michels 1979: 140; Dijk 1993: 168 f.). Die drei Rastas schickten außerdem eine Petition an die englische Queen, in der sie diese dazu aufforderten, Materialien für die *Repatriation* zur Verfügung zu stellen: unter anderem ein Schiff, 24 LKWs, 12 Jeeps, 12 Traktoren, drei Nähmaschinen, verschiedene Werkstätten und eine kleine Zuckerfabrik. Da die meisten Rastas den Führungsanspruch von Alvaranga, Mack und Clayton ablehnten, schlossen sich nur wenige ihrer Organisation an, so daß die Rastafarian Brethren Repatriation Association ihr hochgestecktes Ziel, die gesamte Bewegung zu zentralisieren, nicht verwirklichen konnte.

Offizielles Ziel der *Mission to Africa* von 1961 war, die Möglichkeiten der *Migration* von JamaikanerInnen nach Afrika zu erkunden. *Repatriation* im Sinne der Rastas wurde von der jamaikanischen Regierung dagegen strikt abgelehnt, da sie die Rastas als jamaikanische Staatsangehörige und nicht als AfrikanerInnen definierte. Die Rastas bezeichnen sich selbst dagegen als AfrikanerInnen und nicht als JamaikanerInnen. Sie wollen deshalb auch nicht als jamaikanische ImmigrantInnen nach Afrika kommen, sondern als verlorene Söhne bzw. Töchter Afrikas empfangen werden (Nettleford 1972: 58; Owens 1982: 232).

Nettleford (1972: 62), einer der Verfasser des »University Reports« von 1960, meint, daß die jamaikanische Regierung mit der *Mission* die Taktik verfolgte, die Rastas durch eine »Überdosis« von ihrer Sehnsucht nach Afrika zu »heilen«. Neben der tatsächlichen Erkundung von Migrationsmöglichkeiten ging es der Regierung auch darum, den Rastas die Augen zu öffnen, das heißt, ihnen zu zeigen, daß Afrika nicht das Paradies ist, in dem Milch und Honig fließen. Augier (zit. in Dijk 1993: 144) gab 1990 in einem Interview zu, daß dies nicht nur das Ziel der Regierung war, sondern auch schon von den Verfassern des »University Reports« beabsichtigt wurde. Die Rastas ließen sich jedoch weder von jamaikanischen noch von afrikanischen Politikern davon überzeugen, daß ihre Hoffnung auf *Repatriation* ein Hirngespinst sei. So wurde der nigerianische Premierminister von den anwesenden Rastas ausgebuht, als er in einer Rede in Kingston sagte, die Heimat der Rastas sei Jamaika und nicht Afrika. Ähnlich erging es einem ghanaischen Diplomaten, der in einer Rede die Vorstellungen der Rastas bezüglich *Repatriation* als unrealistisch bezeichnete. Ein Rasta-Führer nannte ihn daraufhin einen »Verräter Israels« (ibid.).

### Repatriation und Rehabilitation

Nettleford (1972: 65–78) konstruiert einen Gegensatz zwischen *Repatriation* nach Afrika und *Rehabilitation* der Rastas in Jamaika. Dabei interpretiert er sämtliche kreative Betätigung der Rastas in Jamaika als Bemühung um *Rehabilitation* innerhalb der jamaikanischen Gesellschaft. Wenn einige Rastas zum Beispiel als Fischer arbeiten oder sich als Maler künstlerisch betätigen, bedeutet das für Nettleford, daß diese Rastas sich dadurch in die jamaikanische Gesellschaft integrieren wollen und physische *Repatriation* deshalb für sie keine Rolle mehr spielt. Nettleford geht dabei von der falschen Annahme aus, daß sich die Forderung nach *Repatriation* und Kreativität in einem soziokulturellen Kontext außerhalb von Afrika für die Rastas nicht miteinander vereinbaren lassen. Tatsächlich hat aber die Forderung nach *Repatriation* für die Rastas zu keinem Zeitpunkt zur Konsequenz gehabt, daß sie nur noch völlig passiv auf ihre Erlösung warten. Kreativität gab es innerhalb der Rastafari-Bewegung nicht erst, wie Nettleford es darstellt, seit Ende der 60er Jahre, sondern sie wurde – vor allem durch den Erfolg der Reggae-Musik – in dieser Periode von der jamaikanischen Öffentlichkeit erstmals registriert und teilweise akzeptiert.

Nettlefords Argumentation macht sein zentrales Anliegen deutlich: Er will die Konflikte zwischen der Rastafari-Bewegung und der jamaikanischen Öffentlichkeit (»wider society«) entschärfen. Die Rastas betrachtet er als einen aus den Fugen geratenen Teil der jamaikanischen Gesellschaft, der rehabilitiert und wieder eingegliedert werden sollte. Nettleford bezeichnet die Forderung nach *Repatriation* als »a typical Jamaican response to social and economic pressures, namely the urge to migrate« (S. 104). Dabei betonen die Rastas in der Regel die fundamentalen Unterschiede zwischen *Repatriation* und *Migration*: Auch bei der physischen *Repatriation* steht für die Rastas zunächst die *spirituelle* Befreiung im Mittelpunkt, nicht ökonomische Überlegungen. *Repatriation* ist für die Rastas ein göttliches Recht und eine Pflicht (»a must«); *Migration* ist dagegen nur eine Möglichkeit. Außerdem wenden sich die Rastas mit ihrer Forderung nach *Repatriation* ganz bewußt *gegen* den vom offiziellen Jamaika propagierten Nationalismus. Auf der politischen Ebene ist die Forderung nach *Repatriation* als Ausdruck von sozialem Protest gegen die herrschenden Machtverhältnisse zu interpretieren: Vor der Unabhängigkeit Jamaikas hatte die Forderung nach *Repatriation* einen radikalen antikolonialistischen Charakter; seit der Unabhängigkeit steht sie für eine Ablehnung des von der politischen Elite propagierten jamaikanischen Nationalismus. Es ist daher nicht nachzuvollziehen, warum Nettleford die Forderung nach *Repatriation* als »typisch jamaikanisch« bezeichnet.

Zwar gibt es Rastas, für die physische *Repatriation* überhaupt keine Rolle spielt. So rief zum Beispiel die Rastafarian Movement Association (RMA) die Rastas in den 70er Jahren dazu auf, die physische *Repatriation* aufzugeben und stattdessen ihre Anstrengungen voll auf die Organisation der Bewegung in Jamaika zu konzentrieren. Dabei berief sich die RMA auf Haile Selassie, der Presseberichten zufolge bei seinem Staatsbesuch 1966 erklärt hatte, Jamaika sei ein Teil Afrikas, und die JamaikanerInnen sollten zusammenarbeiten, um die Entwicklung ihres Landes voranzutreiben (Dijk 1993: 205 f.). Das Motto der RMA lautete deshalb »Liberation before repatriation«. Allerdings handelt es sich bei der RMA um eine relativ kleine Rasta-Organisation. Für die meisten Rastas besteht dagegen überhaupt kein Widerspruch zwischen ihrer spirituellen Befreiung in Jamaika und der physischen Rückkehr nach Afrika. Vielmehr ist *spirituelle Repatriation* eine notwendige Voraussetzung für *physische Repatriation.* Jah Bones (1987: 70) beschreibt die magnetische Anziehungskraft, die Afrika auf die Rastas ausübt:

> »It is in Africa that I n I[64] roots are firmly laid and where your roots are that is where you are drawn. The continent of Africa is a giant piece of magnet it keeps magnetizing I n I. I n I are drawn to Africa as if by some great magnetizing power and one finds that one is getting closer until one is right there in Africa.
> The experience of being drawn to Africa is something else. It puts one in a situation where one finds oneself constantly thinking, talking, walking and acting Africa. To the Rasta, most definitively, Africa is no myth; it is the biggest reality that he experiences. It does not matter that the average Rasta does not know Africa, in a physical sense. What really matters is that the average Rasta knows, only too well, Africa in the spiritual and psychological terms«.

Demnach ist *Repatriation* zuallererst eine spirituelle und psychologische Angelegenheit. Physische *Repatriation* ist die Ausnahme, nicht die Regel. *Repatriation* bedeutet also vor allem eine spirituelle Heimkehr der Rastas nach Afrika: Bei den *Nyabinghi*-Veranstaltungen in Jamaika wird durch gemeinsames Trommeln, Singen und Tanzen ein Gemeinschaftsgefühl und eine Art gemeinsames Zuhause geschaffen, das von der Anonymität und Entwurzelung der westlichen Gesellschaft weit entfernt ist.

**Physische Repatriation**

Jah Bones betont die großen praktischen Schwierigkeiten, die *physische Repatriation* mit sich bringt: Vor allem die Konfrontation mit der ökonomischen Realität in Afrika ist mit Vorstellungen von Afrika als Paradies nicht zu vereinbaren:

- »The continent of Africa is plundered and exploited over the centuries up to now. This, in my view, has helped to cause (in a substantial way) the many ills that plague Africa today. I n I can and should never turn a blind eye to facts like these. The native Africans expect I n I to know that Africa is not a paradise in a naive way that encourages misconceptions of the conditions of Africa« (ibid., S. 71).

Jah Bones verweist außerdem auf das Problem des Kulturschocks, den die konkrete physische *Repatriation* bedeutet, und er erkennt, daß die Rastas nicht erwarten können, von allen AfrikanerInnen mit offenen Armen empfangen zu werden: »The social implications of repatriation on a mass scale cannot be ignored or wished away; [...] The real issues when I n I reach Africa will relate to land, housing, jobs, health, language, cultural acceptance and co-existence and things of similar nature«. Als Grundvoraussetzungen für die Realisierung einer massenhaften physischen *Repatriation* von Rastas sieht Jah Bones eine stärkere Organisation der Rastas und eine intensive Aneignung von Wissen über die tatsächlichen Bedingungen in Afrika (ibid., S. 74 ff.).

Das bekannteste Beispiel für die Verwirklichung von physischer *Repatriation* ist die Rasta-Siedlung auf dem von Selassie zur Verfügung gestellten Land in der Nähe der Stadt Shashemene in Äthiopien (s. Kapitel »Rastas in Äthopien«). Die Twelve Tribes, die vor allem aufgrund der Unterstützung durch erfolgreiche Reggae-Stars[65] über die größten finanziellen Mittel verfügen, verfolgen das Ziel der physischen *Repatriation* konsequenter als die anderen Rasta-Organisationen. Seit den 70er Jahren haben sie in Eigeninitiative mehrere Gruppen von Mitgliedern in Äthiopien (Shashemene) und in anderen afrikanischen Ländern angesiedelt (Owens 1982: 241 f.; Dijk 1993: 228).

**Repatriation als göttlicher Akt**

Die von Rastas selbst individuell oder in Gruppen organisierte Rückkehr nach Afrika wird von orthodoxen Rastas nicht als *Repatriation* anerkannt. Sie betonen den Unterschied zwischen *Repatriation* und *Migration. Repatriation* ist für sie eine *göttliche* Angelegenheit, das heißt, nur Haile Selassie kann ihren genauen Termin festlegen, und sie betrifft alle wahren Rastas gleichzeitig, nicht nur einzelne Personen oder Gruppen.[66] Für viele orthodoxe Rastas bedeutet die durch göttliche Intervention bewirkte *Repatriation*, die sie erwarten, nicht nur die Rückkehr der Menschen aus der afrikanischen Diaspora nach Afrika. Vielmehr sprechen sie von *Universal Repatriation*: Diejenigen, die den *Amagiddeon* überleben, sollen auf ihren ursprünglichen Kontinent zurückkehren (Owens 1982: 232 f.; Yawney 1976: 247). So heißt es in einem Rasta-Lied:

> I-man-a-go down there
> Everyone-a-go down there
> We mus' have to go back there
> Blackman have to go back in-a-Africa
> Chineyman-a-go back in-a-China
> Syrian-a-go back in-a-Syria
> Indian-a-go back in-a-India
> Di white man-a-go back in-a-Europe
>
> When the right time come
> It will be dread for some
> But no one can stop
> The righteous ones
> Repatriation is a must!
> We mus' have to go back there
>
> (Brown 1977: »Repatriation is a must«).

Ein wichtiges Rasta-Motiv sind die »Seven miles of Black Starliner«[67], die *Jah* nach Jamaika schicken wird, um die Rastas abzuholen (Dijk 1993: 28). Die Ankunft der »Black Starliner« steht als Symbol für die Überwindung des Bruches der Sklaverei durch die Konstruktion einer afrikanischen Identität:

Der Black Starliner ist heute für viele Rastas ein wichtiges Symbol für die direkte Verbindung nach Afrika.

They take us away
from our motherland
Require from us another song
They rob us of silver and gold
And identity
They change our name
And try to mess up our brain

So people open your eyes
And see what's going on
I guess we all can see
The time is there
Seven miles of Black Starliner
Comin' in the harbour
Seven miles of Black Starliner
Comin' in the harbour

(Bushman 1997: »Black Starliner«).

**When will this pay day be?**

Orthodoxe (und auch viele liberale) Rastas erheben außerdem einen moralischen Anspruch auf *Repatriation.* Sie fordern von den westlichen Regierungen, insbesondere von der englischen, die Finanzierung der Rückkehr der Menschen aus der Diaspora nach Afrika als Entschädigung für das von ihren Vorfahren während der Sklaverei erlittene Unrecht (Zips 1994a: 21 f.). In einem Brief an den UNO-Generalsekretär vom 2.1.1963 bezeichnet zum Beispiel der politisch engagierte Rasta-Führer Sam Brown die Rückkehr nach Afrika als »göttliches Recht« der Rastas und behauptet, daß die Gesetze, in denen die Abschaffung der Sklaverei festgelegt wurde, auch die *Repatriation* der ehemaligen Sklaven vorsahen. Die Afrikaner, die jahrhundertelang die »westliche Hemisphere« aufgebaut hätten, hätten nun ein Recht darauf, ihren Beitrag zum Aufbau Afrikas zu leisten. Als weitere Argumente für *Repatriation* nennt Sam Brown die katastrophale wirtschaftliche Situation und die Überbevölkerung in Jamaika (Michels 1979: 135 f.). Hier wird deutlich, daß für die Rastas keinerlei Widerspruch besteht zwischen *Repatriation* als *göttlichem* Recht bzw. *göttlichem* Akt und ihrer Forderung nach *Repatriation* als *weltlicher* Wiedergutmachung für die Versklavung. Ebenso wie Haile Selassie als lebendiger Gott für die Rastas weltlicher Herrscher und göttlicher Schöpfer in einem ist, ist *Repatriation* für sie gleichzeitig eine göttliche und eine weltliche Angelegenheit. Die Rastas bestehen auf einer finanziellen Entschädigung für die Verbrechen der Sklaverei. In einem Lied der Roots-Reggae-Band Culture wird das so ausgedrückt:

My forefathers worked down here
In this great plantation
They didn't get no pay
For all their wasted years
[...]

When will this pay day be?
We want it now!
When will this pay day be?
When will this pay day be
For these retired slaves?

Will this pay day be Monday?
Will this pay day be Tuesday?
Will this pay day be Wednesday?

(Culture 1979: »Pay Day«).

Die Rastas behaupten, die 20 Mio. Pfund, die die englische Regierung nach der Abschaffung der Sklaverei als Entschädigung an die Plantagenbesitzer zahlte, seien eigentlich für die ehemaligen Sklaven bzw. für die Finanzierung ihrer *Repatriation* bestimmt gewesen. Aus diesem Grund sprechen die Rastas nicht nur von einer moralischen, sondern auch von einer rechtlichen Verpflichtung der Nachfolger des Kolonialsystems, für die Kosten der *Repatriation* aufzukommen (Nettleford 1972: 66; Owens 1982: 234). Daher hat es immer wieder Rastas gegeben, die die englische und die jamaikanische Regierung sowie die Vereinten Nationen und die Queen in offiziellen Petitionen dazu aufforderten, ihre Schulden bei den Nachkommen der Sklaven durch die Finanzierung von *Repatriation* zu begleichen.

Besonders aktiv war in dieser Hinsicht Prince Emmanuel, der Kopf der Bobo Dreads (Ethiopia Africa International Congress). Emmanuel schickte nicht nur zahlreiche Petitionen, er forderte außerdem in Gesprächen mit Mitgliedern der von 1972–80 amtierenden PNP-Regierung vergeblich Unterstützung für *Repatriation* (Dijk 1993: 195, 205, 228)[68], und 1988 verklagte er sogar den damaligen Außenminister, Hugh Shearer (JLP): Er forderte in dieser Klage die sofortige Auszahlung von 20 Mio. Pfund für die *Repatriation* der Nachfahren der Sklaven. Der Prozeß wurde auch eröffnet, aber der zuständige Richter weigerte sich, den Fall zu verhandeln. Da westliche Politiker nicht auf Emmanuels Forderungen reagierten, änderte er schließlich seine Taktik: Im Dezember 1989 wandten sich Vertreter der Bobo Dreads an den nigerianischen Außenminister, Ike Nwachukwu, der sich zu einem viertägigen Besuch in Jamaika aufhielt, mit der Bitte, er möge Schiffe für die *Repatriation* der Rastas nach Jamaika schicken. Der Minister versprach zwar zu tun, was in seiner Macht stehe, aber Nigeria schickte keine Schiffe nach Jamaika. Im Februar 1991 reisten dann acht Vertreter der Bobo Dreads nach Äthiopien, Nigeria und Ghana, um mit den Regierungen dieser Länder über *Repatriation* zu verhandeln (ibid., S. 325 f.). Inzwischen haben sich einige Bobos in Shashemene niedergelassen.

Nach Ansicht von Michael Anthony Lorne, der seit den 80er Jahren ein wichtiger Vertreter der Rastas in der öffentlichen Debatte in Jamaika ist, können die Rastas nicht auf ihre Forderung nach *Repatriation* verzichten, weil sie dadurch die Verbrechen der Sklaverei vergeben würden, ohne eine Entschädigung zu erhalten. Die Anerkennung des von der Sklaverei geschaffenen Status Quo kommt für die Rastas jedoch niemals in Frage. Die Verlockungen der modernen Konsumgesellschaft vergleicht Lorne mit den materiellen Gütern, durch die die afrikanischen Chiefs zum Verkauf von Menschen an die Sklavenhändler bewogen wurden. Die einzigen, die sich heute nicht kaufen lassen und stattdessen auf ihrem Recht auf eine angemessene Entschädigung in Form von *Repatriation* bestehen, sind die Rastas (Lorne [1990], zit. in Dijk 1993: 28 f.).

## Nyabinghi

### Der Philos-Artikel

Am 7.12.1935 veröffentlichte die *Jamaica Times* einen Artikel von Frederico Philos über eine afrikanische Widerstandsbewegung mit dem Namen »Nya-Binghi« (nachgedruckt in Augier, Nettleford, Smith 1960: 43–47). In dem Artikel, dessen Originalversion im August 1935 im *Neuen Wiener Tagblatt* erschienen sein soll (Post 1978: 172), ist von einer »schwarzen Gefahr« die Rede, von einer internationalen Geheimorganisation, die alle Afrikaner vereinigen und für den Kampf gegen die Europäer bzw. die Weißen mobilisieren wolle. *Nya-Binghi* wird in dem Artikel mit *Tod den Weißen* übersetzt. Als Ursprungsort der Bewegung wird »Belgisch-Kongo« angegeben. Haile Selassie soll laut Philos auf einer geheimen *Nya-Binghi*-Konferenz in Moskau 1930 zum Führer der Bewegung gewählt worden sein. Er habe die Wahl angenommen und mit den Worten »Tod den Unterdrückern der schwarzen Rasse« geschworen, Krieg gegen die Europäer zu führen. Philos behauptet, Selassie rüste Äthiopien für einen Krieg gegen die Italiener auf. Der Angriff der Äthiopier werde das Signal sein für einen Aufstand aller Afrikaner gegen die Kolonialmächte. Haile Selassie werde von allen Afrikanern als Messias bzw. Gott verehrt, und für ihn zu sterben bedeute für sie eine Garantie für den Eintritt ins Paradies. Die *Nya-Binghi*-Bewegung habe ein weltweites Spionage-Netzwerk aufgebaut. Die Weißen würden sich ihr eigenes Grab schaufeln, indem sie Waffen an die Bewegung lieferten.

Der Inhalt dieses Zeitungsartikels beruht nicht auf historischen Tatsachen. Allerdings haben die einzelnen Elemente von Philos' Verschwörungstheorie jeweils einen realen Hintergrund:

1) Haile Selassie galt auch außerhalb Äthiopiens, in Afrika und in der afrikanischen Diaspora, als Hoffnungsträger und Identifikationsfigur.
2) Afrikanische Unabhängigkeitsbewegungen stellten eine reale Bedrohung der Kolonialherrschaft dar.
3) Es existierte tatsächlich eine *Nyabingi*-Bewegung, die zwar nicht weltweit operierte, wie Philos behauptete, aber immerhin die Grenzen mehrerer Kolonien überschritt.

Die Hervorhebung von Haile Selassie in Philos' Artikel sowie der Zeitpunkt der Veröffentlichung deuten darauf hin, daß es sich hierbei um eine Propagandaschrift zugunsten der italienischen Faschisten handelt, die den bevorstehenden Angriff gegen Äthiopien rechtfertigen sollte. Gleichzeitig drückt der Artikel sehr gut die zur damaligen Zeit in Europa weitverbreitete Angst vor einem Erstarken des afrikanischen Widerstandes und vor dem Verlust der Kolonien aus. Diejenigen Rastas, die den Artikel in den 30er Jahren lasen oder davon hörten, müssen sich bestätigt gefühlt haben: Die Macht des »siegreichen Löwen vom Stamme Juda« war laut Philos' Artikel also tatsächlich so groß, daß ganz Europa vor ihm erzitterte! Da sie selbst Haile Selassie bereits als Gott verehrten und dieser in dem Artikel als Führer der *Nya-Binghi*-Bewegung dargestellt wurde, bezeichneten sich einige Rastas fortan selbst als *Nya Man*[69] ['naiaman].

**Afrikanischer Widerstand**

Ob es darüber hinaus zu diesem Zeitpunkt bereits Rastas gab, die Kenntnisse von der Existenz der »echten« Nyabingi-Bewegung hatten, ist nicht dokumentiert. In den meisten Werken über die Rastafari-Bewegung werden entweder Philos oder die Rastas selbst als Erfinder des Begriffes *Nyabinghi*[70] dargestellt. Tatsächlich war Nyabingi der Name einer der langlebigsten afrikanischen antikolonialen Widerstandsbewegungen, die im Gebiet des heutigen Dreiländerecks Uganda-Ruanda-Kongo aktiv war.

Nyabingi war ursprünglich der Titel einer um 1700 herrschenden Königin von Karagwe (im Nordwesten des heutigen Tansania).[71] Nachdem sie sich geweigert hatte, Ruhinda, dem Chief von Mpororo, die Herrschaft über Karagwe zu überlassen, ließ dieser sie hinrichten. In der Folgezeit traten verschiedene Personen als Medien des Geistes der Königin auf und verkündeten das Ende von Ruhindas Herrschaft. Aus dem 19. Jahrhundert gibt es dann Berichte vom Auftreten von Nyabingi-Medien in Ruanda, die die Herrschaft des Mwami von Ruanda in Frage stellten und deshalb von diesem bekämpft wurden. Um die Jahrhundertwende stand ein weibliches Nyabingi-Medium namens Muhumusa an der Spitze der Nyabingi-Bewegung. Unter ihrer Führung kam es zu ersten Auseinandersetzungen der Nyabingi-Bewegung mit den Truppen der Kolonialmächte. 1908 wurde Muhumusa von den deutschen Kolonialbehörden festgenommen, wegen Hexerei angeklagt und zu zwei Jahren Gefängnis verurteilt. Nach ihrer Entlassung organisierte Muhumusa 1910 einen großen Aufstand gegen Mwami Musinga, aber die deutschen Kolonialisten unterstützten den Mwami und vertrieben Muhumusa und ihre Anhänger aus Ruanda nach Ndorwa in der Kiga-Region. Während des Ersten Weltkrieges errichtete die Nyabingi-Bewegung Basislager im »Belgisch-Kongo«. Bei Kämpfen mit englischen Truppen wurde Muhumusa schließlich gefangengenommen und an einen Ort in der Nähe von Kampala verbannt.

Auch nach Muhumusas Verhaftung kam es zu weiteren Nyabingi-Aufständen unter der Führung von Ndochibiri (1916, 1917 und 1919), die von den Engländern niedergeschlagen wurden. Nachdem Ndochibiri 1919 im Kampf gegen die Engländer getötet worden war, verlagerte sich das Zentrum der Nyabingi-Bewegung zunächst wieder nach Ruanda, in die unzugängliche Bergregion südlich des Bunyani-Sees. Es fand nur noch ein weiterer großer Nyabingi-Aufstand statt, 1928 in der Nähe von Kabale im Südwesten Ugandas. Die Nyabingi-Bewegung existierte jedoch noch bis in die 50er Jahre und wurde von den Kolonialbehörden und von den mit diesen verbündeten Batutsi und Baganda stets als Bedrohung empfunden (Bessell 1938: 84 f.; Hopkins 1970: 307 ff.). Die englischen Kolonialisten begannen, andere, konservativere religiöse Bewegungen in der Region zu unterstützen, und versuchten, die Nyabingi-Bewegung dadurch bei der übrigen Bevölkerung zu diskreditieren, daß sie die Nyabingi-Aktivitäten als Hexerei definierten. Mehrmals wurden Nyabingi-FührerInnen von den Kolonialbehörden wegen Hexerei angeklagt und inhaftiert, bevor sie neue Aufstände organisieren konnten (Bessell 1938: 73 ff.; Hopkins 1970: 287 ff.).

Ziel der Nyabingi-Bewegung war die Befreiung von der Fremdherrschaft der Europäer und der mit diesen verbündeten Batutsi und Baganda. Geistbesessenheit war ein zentraler Aspekt in der Nyabingi-Bewegung. Die Nyabingi-Medien besaßen die alleinige Macht, den Nyabingi-Geist zu rufen und dessen Willen zu interpretieren. Aus diesem Grund galten sie als absolute Autoritäten innerhalb der hierarchisch strukturierten Bewegung (Hopkins 1970: 258–261). Die Besonderheit der Nyabingi-Bewegung bestand darin, daß sie religiöse wie auch weltliche Autorität gleichermaßen beanspruchte und als Widerstandsbewegung auf der politischen Ebene wesentlich aktiver und effektiver war als andere »possession cults« in dieser Region (ibid., S. 324). Es gibt einige Unterschiede zwischen der Nyabingi- und der Rastafari Bewegung:

1) Während in der Nyabingi-Bewegung Geistbesessenheit von essentieller Bedeutung war, wurde sie in der Rastafari-Bewegung seit den 50er Jahren mit Teufelsanbetung gleichgesetzt und tabuisiert.
2) Während Frauen in der Nyabingi-Bewegung sowohl im religiösen bzw. rituellen als auch im weltlichen bzw. politischen Kontext führende Positionen einnehmen konnten, werden Frauen in großen Teilen der Rastafari-Bewegung in diesen beiden Bereichen marginalisiert (s. Seite 128 ff.).
3) Während die Nyabingi-Bewegung hierarchisch aufgebaut war, ist die Rastafari-Bewegung insgesamt akephal und egalitär strukturiert.

Die genauen historischen Hintergründe der Nyabingi-Bewegung in Afrika dürften sehr vielen Rastas unbekannt sein. Viele Rastas übersetzen *Nyabinghi* mit *Tod den schwarzen und weißen Unterdrückern* (Zips 1994a: 27 ff.). Dieser Widerstand gegen die »schwarzen und weißen Unterdrücker« ist auch der wichtigste Aspekt, in dem die Rastafari-Bewegung tatsächlich mit der historischen Nyabingi-Bewegung übereinstimmt:

| | **Jamaika (Zeit der Sklaverei)** | **Jamaika (nach der Sklaverei)** | **Afrika (Zeit des Kolonialismus)** |
|---|---|---|---|
| **»Weiße Unterdrücker«** | Plantagenbesitzer | Ökonomische und politische Elite | Kolonialbehörden; europäische Unternehmer, Siedler und Soldaten |
| **»Schwarze Unterdrücker« bzw. Kollaborateure** | Sklaventreiber; Haussklaven | Privilegierte Schwarze (Mittelschicht) | Von den Europäern begünstigte Ethnien (Batutsi, Baganda und andere); afrikanische Soldaten und Informanten im Dienst der Europäer |
| **Unterdrückte Schwarze** | Sklaven | Schwarze Unterschicht | Mehrheit der afrikanischen Bevölkerung |
| **Widerstand** | Maroons | Rastafari | Nyabingi und andere |

### Nyabinghi-Versammlungen

Mit dem Namen *Nyabinghi* bezeichnen die Rastas sowohl ihren Trommelstil als auch ihre regelmäßigen Zusammenkünfte in Jamaika. Die große *Rasta-Convention*, die 1958 von Prince Emmanuel organisiert wurde, war die erste *Nyabinghi*-Veranstaltung, die die Aufmerksamkeit der jamaikanischen Presse auf sich zog. Allerdings gab es diese Art von Rasta-Zusammenkünften auch schon vorher. Während die ersten *Nyabinghis* größtenteils in *Rasta-Camps* in den Slums von Kingston stattfanden, werden sie seit Anfang der 70er Jahre in der Regel in den ländlichen Gebieten Jamaikas veranstaltet. *Nyabinghis* (Kurzform: *Binghis*) bzw. *Nyabinghi Issemblies*[72] finden an folgenden Rasta-Feiertagen regelmäßig statt:

- 7. Januar: äthiopisches Weihnachtsfest;
- 21. April: Jahrestag von Selassies Staatsbesuch in Jamaika;
- 26. Mai: African Liberation Day (Gründungstag der OAU);
- 23. Juli: Selassies Geburtstag;
- 11. September: äthiopischer Neujahrstag;
- 2. November: Jahrestag von Selassies Krönung.

Es werden aber auch zu anderen Zeitpunkten *Binghis* veranstaltet. Wer jeweils eine bestimmte *Nyabinghi*-Veranstaltung organisiert, wird auf den Treffen der *Elders* festgelegt. Die *Elders* sind eine etwa 100 Personen umfassende Gruppe anerkannter und erfahrener orthodoxer Rastas (Edmonds 1998b: 356 f.; Homiak 1994b: 51–55).

Ein *Nyabinghi* dauert meist drei bis sieben Tage. Viele Rastas aus allen Teilen der Insel kommen zu den *Binghis* zusammen. Zwar werden die Treffen vom orthodoxen House of Nyabinghi organisiert. Teilnehmen können jedoch alle Rastas. Einzige Bedingung ist, daß sich alle TeilnehmerInnen während einer *Nyabinghi*-Zusammenkunft strikt an die *Livity*-Regeln (s. Seite 111 ff.) halten: Körperliche Reinheit ist die Voraussetzung für die spirituelle Säuberung bzw. für die völlige Befreiung vom schädlichen Einfluß *Babylons*, die von den Rastas während einer *Binghi*-Feier angestrebt wird. Am Eingang des Veranstaltungsortes sind Wächter postiert, die beim Eintreffen fremder Personen überprüfen, ob diese ein berechtigtes Interesse haben, dem Rasta-Treffen beizuwohnen. Tagsüber sind die wichtigsten Aktivitäten bei einem

*Nyabinghi* gemeinsames Fasten, Meditieren, *Reasoning* (s. S. 118) und Marihuanarauchen. Nachts werden riesige Feuer entfacht, um die sich die TeilnehmerInnen zum gemeinsamen Trommeln, Singen und Tanzen versammeln. Dieses Singen und Trommeln wird von den Rastas als *Chanting down Babylon* bzw. *Beating down Babylon* bezeichnet (Edmonds 1998b: 358; Homiak 1994b: 55 f.; Yawney 1993: 165):

Leggo babylonian state and dem continent
Chant Nyabinghi
Mek we bun up di serpent
No more living underneath this spell
'Cause what is heaven for them
For I-man is hell

(Prezident Brown 1999: »Micro Chip«).[73]

Die Zerstörung *Babylons* auf der spirituellen Ebene ist also das Ziel der rituellen Aktivitäten der Rastas bei den *Nyabinghis*. Außerdem dienen die *Binghis* vor allem dem Ausdruck von Solidarität (*Oneness*) und dem gemeinsamen Bekenntnis zu den afrikanischen Wurzeln und zu afrikanischer Kultur (*Roots and Culture*). Die Rastas erschaffen sich bei ihren Zusammenkünften eine eigene, afrikanische Welt, die im Gegensatz zur *babylonischen* Gesellschaftsordnung steht:

Dem praise statistics
And economics
An' dem going so
Kinky
Me draw from me Rastaman song
Me Binghi drum
Me calabas chalice
Babylon say me crazy
Giving praises
Nyabinghi I-ses
Our business
Me no join dem slavery!

(Sizzla 1997: »Guide over us«).[74]

## Nyabinghi-Trommeln

Vom Zeitpunkt ihrer Verschleppung an diente Musik den versklavten AfrikanerInnen als Ausdruck ihrer Frustration und ihrer Sehnsucht nach Afrika. Bereits auf den Sklavenschiffen wurden Lieder mit entsprechenden Texten gesungen. Ein großer Teil der Lieder der SklavInnen richtete sich gegen die Sklaverei bzw. gegen die Brutalität der Weißen (Patterson 1967: 253 ff.). In den Rasta-Liedern, die bei den *Binghis* gesungen werden, geht es ebenfalls um die Rückkehr nach Afrika und um den Widerstand gegen weiße Unterdrückung:

> This Journey will end one day
> Then the white master will get his pay
> For the chain on I is not to stay
> The Lion of Judah will brake when pray
>
> (zit. in Planno 1999 [1969]: 6).

Die Rastafari-Bewegung hatte zunächst keinen eigenen Musikstil. Die ersten Rastas sangen noch (vor allem baptistische) Kirchenlieder und Revival-Hymnen.[75] In Teilen der Bewegung (vor allem in Howells Gruppen in St. Thomas und Pinnacle) wurden außerdem Kumina-Trommeln benutzt (Reckord 1998: 238; Bilby/Leib 1986: 25 f.). In den 40er und 50er Jahren entwickelten die Rastas dann einen eigenen Trommelstil, das Nyabinghi-Trommeln, eine Kombination von Elementen des Burru- und des Kumina-Trommelns.

Während der Sklaverei wurden Trommeln als Kommunikationsmittel der Sklaven von den Sklavenhaltern gefürchtet und oft verboten. Mit Trommeln konnten Aufstände angekündigt werden, und sie galten als Symbol für schwarze Solidarität und schwarzen Widerstand gegen die Sklaverei (Jones 1988: 10–12). Das Burru-Trommeln war – im Gegensatz zu anderen Arten von Trommelmusik afrikanischen Ursprungs – als Arbeitsmusik auf einigen Plantagen erlaubt. Nach der Abschaffung der Sklaverei verließen die Burru Musiker die Plantagen, und die meisten von ihnen gingen nach Kingston, wo sie ihre

Trommeltradition fortführten.[76] Feste und andere besondere gesellschaftliche Anlässe, zum Beispiel die Entlassung von Häftlingen aus dem Gefängnis, wurden stets von der Musik der Burru-Trommler begleitet. Ähnlich wie die westafrikanischen Griots artikulierten die Burru-Musiker in ihren Gesängen soziale Kritik, sie kommentierten wichtige aktuelle Ereignisse und Entwicklungen und sangen Lob- oder Schmählieder über bekannte Persönlichkeiten (Jones 1988: 10; Reckord 1998: 234 f.). Die Rastas und die Burru-Musiker hatten in den 40er Jahren mehrere Gemeinsamkeiten:

- Die meisten von ihnen lebten in den Slums von Kingston.
- Sie bekannten sich zu ihren afrikanischen Wurzeln.
- Sie praktizierten einen gemeinschaftlichen Lebensstil.
- Sie lehnten die bestehenden gesellschaftlichen Verhältnisse ab und galten als gesellschaftliche Außenseiter

(Reckord 1998: 238).

Viele Burru-Musiker schlossen sich in dieser Periode der Rastafari-Bewegung an. Die Rastas übernahmen die drei Burru-Trommeln, *Bass*, *Fundeh* und *Repeater*, und sie entwickelten einen eigenen Trommelstil, das Nyabinghi-Trommeln. Nach Count Ossie[77] (zit. in Reckord 1998: 240), der als einer der Erfinder des Nyabinghi-Trommelns gilt, war Burru der am stärksten afrikanisch geprägte Trommelstil im Jamaika der 40er Jahre, und aus diesem Grund übernahmen die Rastas die Burru-Trommeln.

The Congos: *Heart Of The Congos* (LP-Cover)

Die meisten Rasta-Trommeln sind in den Farben der äthiopischen Flagge, grün-gelb-rot, bemalt. Die *Fundeh* ist relativ lang und schmal. Auf ihr wird der Nyabinghi-Grundrhythmus (*Lifeline*) gespielt, während die Burru-Musiker sie ursprünglich für die Melodie verwendeten. Der *Bass* ist die größte Rasta-Trommel.

Das *Bass*-Spiel gibt ebenfalls hauptsächlich die *Lifeline* wieder, aber mit häufigeren Variationen. Der *Repeater* ist schmal wie die *Fundeh*, aber kürzer. Auf dieser Trommel werden die Melodie und die meisten Improvisationen gespielt. Der Nyabinghi-Stil wurde aber auch vom Kumina-Trommelstil beeinflußt: Die *Kbandu* entspricht der *Fundeh*, und die *Playing cast* wird ähnlich wie der *Repeater* gespielt, allerdings mit wesentlich schnellerem Rhythmus. Während die Kumina-Trommeln so groß sind, daß die Trommler beim Spielen auf ihren Instrumenten sitzen, werden die Nyabinghi-Trommeln im Stehen gespielt (Reckord 1998: 233 f., 239).

| | Kumina | Burru | Nyabinghi |
|---|---|---|---|
| Rhythmus | Kbandu | Bass | Fundeh, Bass |
| Melodie | Playing cast | Repeater, Fundeh | Repeater |

Bei Kumina-Zeremonien dienen die *Kbandu* und die *Playing cast* als Medien für die Kommunikation zwischen den Teilnehmern und der Welt der Ahnengeister. Die Rastas lehnen zwar jede Art von Geisterbeschwörung ab, aber der richtige Trommelrhythmus ist auch bei ihren Zusammenkünften von zentraler spiritueller Bedeutung. Nach Reckord erfüllt das Trommeln bei den Nyabinghi-Zeremonien vor allem folgende Funktionen:

1) spirituelle Befreiung von jeder Art von Unterdrückung;
2) heilende Wirkung (spirituelle Reinigung, Entspannung, Beruhigung, Trost);
3) Erfahrung von Zusammengehörigkeit;
4) Gemeinsames Erreichen eines spirituellen Zustandes (»Irix«), der eine direkte spirituelle Verbindung mit Haile Selassie bzw. ein besonders intensives Erleben seiner göttlichen Kraft ermöglicht. (S. 242 f.)

Der Rasta-Poet Oku Onuora bezeichnet den Rhythmus der Nyabinghi-Trommeln in einem seiner Gedichte als »direkte Verbindung« nach Afrika:

Beat yu drums Rasta Man
Beat dem loud an lang
Beat dem beat dem
Mek de soun rise
Rise and ride pon de breeze
[...]

Beat yu drums Rasta Man
An revive de people dem soul
Stir dem blood
Mek dem art beat as one
Wid yu drums

Beat yu drums Rasta Man
An chant of glorious times
Times when de people did walk
Wid pride inna de madda lan
[...]

Rasta Man beat yu drums
Dem is a direct link
Wid di madda lan
Who can deny dat?

(in Faristzaddi 1982: 158).[78]

Beispiele für den Nyabinghi-Trommelstil finden sich auf den LPs/CDs von Count Ossie and the Mystic Revelation of Rastafari und Ras Michael and the Sons of Negus.

**Reggae**

Reggae-Musik entstand Ende der 60er Jahre in Jamaika. Ihre Vorläufer waren der Mento (bis in die 50er Jahre die populärste Musik in Jamaika), der jamaikanische Rhythm & Blues (Ende der 50er/Anfang der 60er), der Ska (seit Anfang der 60er) und der Rock Steady (Mitte der 60er Jahre).[79] Erste Popularität außerhalb Jamaikas erreichte Reggae-Musik bereits Ende der 60er/Anfang der 70er Jahre in England. Durch den großen Erfolg Bob Marleys wurde sie schließlich auf der ganzen Welt bekannt.

Ein sehr weit verbreitetes Mißverständnis ist die pauschale Identifizierung von Reggae mit Rastafari. In diesem Zusammenhang ist zu bedenken, daß es völlig verschiedene Reggae-Stile gibt (*Roots*, *Dub*, *DJ*, *Rockers*, *Lovers*, *Raggamuffin*, *Dancehall*, *Consciousness*) und daß nur ein Teil der Reggae-Lieder (vor allem Lieder des *Roots*- und *Consciousness*-Stils) von Rastafari inspiriert ist. Als *Musik der Rastas* läßt sich also nicht der Reggae, sondern nur das Nyabinghi-Trommeln bezeichnen. Nach Bob Marleys Tod (1981) spielten Rastafari-Inhalte im Reggae in den 80er Jahren immer weniger eine Rolle. Stattdessen setzte sich der *Slackness*-Stil in den jamaikanischen *Dancehalls* durch. Bei *Slackness*-Texten stehen das Prahlen mit sexueller Potenz und detaillierte Koitus-Schilderungen im Mittelpunkt. Luxuriöse Konsumgüter (teure Autos usw.) sind ein weiteres zentrales Motiv des *Dancehall*-Reggae, und in den *Gun Tunes* kommt es auch zu einer Trivialisierung oder Verherrlichung von Gewalt. Diese Gewaltverherrlichungen sind in den allermeisten Fällen nicht wörtlich gemeint. Die *Dancehall*-Metaphorik richtet sich an ein bestimmtes Publikum und wird von Außenstehenden, denen der *Dancehall*-Code nicht vertraut ist, oft völlig falsch interpretiert (Habekost 1994b: 102; Zips 1994b: 130 ff.).

**Buju Bantons »Konvertierung« von Slackness zu Consciousness war ein entscheidender Auslöser für die Consciousness-Welle im jamaikanischen Reggae.**

Allerdings kam es Anfang der 90er Jahre im Umfeld der jamaikanischen *Dancehalls* gehäuft zu tödlichen Schießereien, und dies nahmen einige *Dancehall*-Stars, wie zum Beispiel Buju Banton, zum Anlaß, sich von *Gun Tunes* und *Slackness* loszusagen (Köhlings, Lilly 2000). In diesem Zusammenhang fand in den jamaikanischen *Dancehalls* ab Mitte der 90er Jahre ein *Revival* von Rasta-Inhalten statt. Der neue *Consciousness*-Stil verbindet von Rastafari inspirierte Texte mit den computerisierten Rhythmen und dem Sprechgesang des *Dancehall*-Stils.[80] Damit überwindet er den noch Anfang der 90er Jahre von einigen Beobachtern (z.B. Habekost 1994a: 74) als unüberbrückbar angesehenen Gegensatz zwischen *Roots* und *Dancehall*-Reggae. Entscheidenden Anteil an dieser Entwicklung hatten die jamaikanischen Produzenten Philip »Fatis« Burrell und Bobby »Digital« Dixon (Wynands 1995: 220). Interpreten des *Consciousness*-Stils sind zum Beispiel Sizzla, Anthony B., Luciano, Capleton, Tony Rebel, Buju Banton, Bushman, Prezident Brown, Junior Kelly, Jahmali und Daweh Congo. Einige von Ihnen benutzen afrikanische Pseudonyme, zum Beispiel Sizzla »Kalonji« und »King Shango« Capleton.

Für viele orthodoxe Rastas ist Reggae-Musik als kommerzielle Angelegenheit ein Teil von *Babylon* und hat daher mit den eigentlichen Rastafari-Ideen nichts mehr zu tun. Sie machen den Reggae-Stars den Vorwurf, sie würden zwar von Rastafari reden bzw. singen, aber dabei nur an ihren persönlichen Profit denken. So ist zum Beispiel Bob Marleys frühzeitiger Krebstod für manche orthodoxe Rastas das Ergebnis davon, daß er sich zu sehr auf das *Babylon System* eingelassen hat. Ein weiterer Kritikpunkt ist, daß die großen weißen Plattenfirmen und Produzenten die Musik schwarzer Reggae-Künstler dazu benutzen, um an das Geld mehrheitlich schwarzer Konsumenten heranzukommen. So betrachtet, unterstützt Reggae die Ausbeutung von Menschen mit schwarzer Hautfarbe, anstatt sie zu bekämpfen (Lewis 1993: 78; Epp 1982: 18; Clarke 1980: 168). Im Gegensatz zu dieser Argumentation betont Jah Bones (1987: 42) die große Bedeutung des Roots-Reggae für die Verbreitung der Rastafari-Botschaft. Er macht auf die erzieherische bzw. bewußtseinsbildende Funktion von Reggae-Musik aufmerksam:

> »Reggae music is an educating music, and plenty, plenty black youths get educated by constantly listening to it. The exponents of reggae music try very hard and very successfully to lift the consciousness of black youths in relation to their cultural and spiritual identity; to their traditional or historical roots; to the appalling and demeaning social conditions that babylon build around them, like an ocean of confusion as if drowning is the only action that is worthy of black youths.«

Für Sizzla (zit. in Köhlings, Lilly 2002: 29) ist Reggae-Musik ein Mittel, um die von *Babylon* verursachten Frustrationen abzubauen: »Für I and I ist Musik kein joke t'ing. Es geht I and I, wie auch schon Bob Marley oder Jacob Miller, darum, die innere Wut auszudrücken.« Ras Michael (von der Band Sons of Negus) bezeichnet Roots-Reggae als eine »metaphorical Black Star Line«, als die musikalische Verbindungslinie, die die Verbreitung von Rastafari-Ideen in Afrika und in der afrikanischen Diaspora ermöglicht (zit. in Davis 1977: 145 f.).

Während das *Chanting down Babylon* bzw. *Beating down Babylon* in Jamaika bei den *Nyabinghis* durch Nyabinghi-Trommeln und -Singen stattfindet, dient auf der internationalen Ebene der *Roots-* bzw. *Consciousness*-Reggae demselben Zweck. Das Ziel dieser Art von Reggae-Musik ist, die Menschen in der afrikanischen Diaspora dazu zu bringen, sich zu ihren afrikanischen Wurzeln bzw. zu ihrer afrikanischen Identität zu bekennen.

## Dreadlocks

Kenianische Mau-Mau-Kämpfer mit Dreadlocks

### Bärte und Locken

Bis Anfang der 50er Jahre galten lange Bärte als typisches Merkmal der Rastas. In dieser Zeit wurden sie von Nicht-Rastas auch als *Beardsmen* oder *Beards* bezeichnet. Die Bärte waren ein Ausdruck der Identifizierung mit Haile Selassie, der ebenfalls einen Bart trug. Außerdem erklärten einige Rastas, ihre Bärte würden das Wasser des Ozeans teilen, und sie könnten so zu Fuß nach Äthiopien gelangen. Seit Beginn der 50er Jahre lassen sich sehr viele Rastas *Dreadlocks* wachsen. Inzwischen sind geflochtene sogenannte Rasta-Zöpfe eine Modeerscheinung. Echte *Dreadlocks* werden jedoch nicht beim Friseur gemacht. Sie entstehen gerade dadurch, daß die Haare *nicht* künstlich behandelt, sondern in ihrer natürlichen Form belassen werden, das heißt, die Haare werden weder geschnitten noch gekämmt – sie wachsen frei und verfilzen. *Dreadlocks-Rastas* waschen sich die Haare möglichst nicht mit Shampoo und Seife, sondern ausschließlich mit reinen Naturprodukten, zum Beispiel mit Aloe-Saft.

### Mau-Mau

Die Rastas betrachten *Dreadlocks* als die natürliche afrikanische Haarform und damit als Ausdruck schwarzen Selbstbewußtseins bzw. afrikanischer Identität.[81] In den 50er Jahren galten die *Dreadlocks* der Rastas als Symbol für die Identifizierung mit dem afrikanischen Widerstand gegen den europäischen Kolonialismus: Die jamaikanische Presse berichtete zu Beginn der 50er Jahre sehr ausführlich über den Mau-Mau-Aufstand[82] gegen die britische Kolonialherrschaft in Kenia (Dijk 1993: 109 f.), und die Rastas erklärten sich mit der Mau-Mau-Bewegung solidarisch. Zum Beispiel veranstaltete die *Dreadlocks*-Gruppierung Youth Black Faith im April 1953 eine Protestdemonstration in Kingston, als die Nachricht von der Inhaftierung Jomo Kenyattas[83], eines führenden Vertreters der kenianischen Unabhängigkeitsbewegung,

Jamaika erreicht hatte (Chevannes 1994c: 92). Nach Simpson (1957: 512) sahen die Rastas die Mau-Mau-Kämpfer als »angels of deliverance sent by Haile Selassie to drive white men out of Africa«. Nachdem in der Presse Fotografien erschienen waren, die Mitglieder der Mau-Mau-Bewegung mit langen, verfilzten Locken zeigten, ließen viele Rastas zum Ausdruck ihrer Identifizierung mit dieser antikolonialen afrikanischen Widerstandsbewegung ihre Haare lang wachsen und verfilzen (Campbell 1985: 145 f.; Dijk 1993: 405).

### Knotty Dread

Ganz bewußt entschieden sich viele Rastas in den 50er Jahren für eine Frisur, die eine radikale Negation des in Jamaika vorherrschenden Schönheitsideals bedeutete: Glattes Haar galt als europäisch und wurde »good hair« (auch: »pretty/nice/straight hair«) genannt. Lockiges Haar galt als afrikanisch und wurde als »bad hair« oder »knotty«[84] bezeichnet. Verfilzte Haare wurden in Jamaika zu jener Zeit als Frisur von Obdachlosen und Wahnsinnigen betrachtet. Da eine solche Frisur Mitgliedern der übrigen Gesellschaft bzw. *Babylon* Furcht (*Dread*) einflößen konnte, nannten die Rastas ihre verfilzten Haare *Dreadlocks* (Chevannes 1994d: 101–115). Die *Dreadlocks* signalisieren also eine radikale Distanzierung der Rastas von der gesellschaftlichen Norm *Babylons*. Für die Rastas reicht es nicht aus, daß die Sklaverei formell abgeschafft wurde. Ihr Ziel ist die Befreiung von *sämtlichen* körperlichen und geistigen Zwängen, die von der Gesellschaft ausgeübt werden. Die Rastas richten sich daher nicht nach der Meinung der sie umgebenden Gesellschaft. Für sie zählt nur der mit *Jah* geschlossene Bund.

### Das Nasiräergelübde

Orthodoxe Rastas identifizieren sich mit den biblischen Nasiräern, und das Nasiräergelübde beinhaltet unter anderem auch ein Haarschneidetabu:

- »Solange das Nasiräergelübde in Kraft ist, soll auch kein Schermesser sein Haupt berühren, bis die Zeit abgelaufen ist, für die er sich dem Herrn als Nasiräer geweiht hat. Er ist heilig, er muß sein Haar ganz frei wachsen lassen« (Numeri 6,5).[85]

Die *Dreadlocks* sind also keineswegs eine Modeerscheinung, sondern besitzen tiefe religiöse Bedeutung: Sie dienen als Ausdruck dafür, daß die Rastas tatsächlich die von *Jah* auserwählten Israeliten sind, die den *Amagiddeon* überleben und in das paradiesische »Neue Jerusalem« aufgenommen werden. Ihre *Dreadlocks* bezeichnen die Rastas daher auch als *Covenant* (Bundeslade). Die Länge der *Locks* entspricht nach orthodoxer Auffassung der Intensität der Hingabe an die heilige Lebensweise (Owens 1982: 156; Brynda 1994: 81).

Während viele Nicht-Rastas verfilzte Haare mit Verwahrlosung assoziieren und die Rastas als »Dutty Rasta!«[86] beschimpfen, sind für die Rastas selbst lange, frei wachsende Haare der Beweis für die Einhaltung des Nasiräergelübdes und damit ein Zeichen für spirituelle Reinheit. Seit den 60er Jahren benutzen viele Rastas *Tams*, gestrickte Wollmützen (oft in den Farben rot-gelb-grün), um ihre *Locks* in der Öffentlichkeit zu bedecken. Die Bobo Dreads tragen immer einen Turban, um ihre *Dreadlocks* vor den verunreinigenden Blicken Ungläubiger zu schützen (Chevannes 1994d: 121; Owens 1982: 151).[87]

**Man a Lion**

Die Rastas betrachten ihre *Dreadlocks* als Löwenmähne. Ihre Identifizierung mit dem Löwen drücken die Rastas mit dem Slogan *Rastaman a lion* aus. In Werken von Rasta-KünstlerInnen (Malereien, Skulpturen und andere) ist die Löwensymbolik von zentraler Bedeutung (Campbell 1985: 150; Bender, Naliwaiko 1992: 16 f.). Die Löwensymbolik dient den Rastas zur Identifizierung mit Äthiopien und mit Haile Selassie: Ein Löwe mit einem Zepter zwischen den Pfoten ist das Wappentier von Äthiopien, und »Löwe von Juda« war einer der wichtigsten Titel des äthiopischen Kaisers. In der biblischen Offenbarung, aus der dieser Titel stammt, ist der Löwe vom Stamme Juda der Messias, der den apokalyptischen Kampf gegen das satanische Tier gewinnt. Der Löwe steht für afrikanisches Selbstbewußtsein, Kraft und Unbesiegbarkeit. Die Identifizierung mit dem Löwen ist somit die Überwindung des aus der Zeit der Sklaverei stammenden Quashie/Anancy-Klischees[88], das die Schwarzen

Ras Daniel Heartman: *Daniel in the Lions' Den.* Die Rastas identifizieren sich mit dem biblischen Daniel, der aufgrund seines Glaubens den Aufenthalt in der Löwengrube unversehrt überstand.

als faul und verschlagen darstellte (s. Campbell 1985: 148 ff.; Forsythe 1983: 214 ff.). Reggae-Sänger ahmen in ihren Liedern manchmal das Gebrüll des Löwen nach, das die Mauern *Babylons* zum Einstürzen bringen soll:

> Higher, higher heights
> Although dem want keep it low
> But we strong like a lion
> So dem can't break the flow
> [...]
> Haile Selassie-I
> Conquering lion of the tribe of Judah
> Never you underestimate word sound 'cause it is power
> When the lionheart roar
> Concrete jungle[89] feel it
>
> (Prezident Brown 1999: »Lionheart«).

Als Löwenmähne symbolisieren die *Dreadlocks* außerdem männliche Potenz, Stärke und Unabhängigkeit. Viele Rasta-Männer identifizieren sich mit dem Nasiräer Simson, von dem es in der Bibel (Richter 13–16) heißt, daß er unbesiegbar war, bis ihm seine Frau, Delilah, die Haare abschnitt. Die *Dreadlocks* weiblicher Rastas symbolisieren weibliche sexuelle Kraft und müssen daher nach orthodoxer Auffassung jederzeit verhüllt werden.

Oft beziehen sich die Rastas auch auf die biblische Geschichte von Daniel, der allein aufgrund seines Glaubens einen Aufenthalt in der Löwengrube unversehrt überstand (Daniel 6,2–29). Es gibt Presseberichte über Versuche von Rastas, die Erfahrung von Daniel in der Löwengrube am eigenen Leib nachzuvollziehen. In Zoos in Jamaika und Guyana kletterten demzufolge Rastas in die Löwenkäfige. Einige von ihnen mußten ihr Vertrauen in die Freundschaft der Löwen allerdings mit dem Leben bezahlen (Forsythe 1983: 102).

Im scheinbaren Gegensatz zur Löwen-Symbolik steht die Tatsache, daß sich viele Rastas auch mit dem Lamm identifizieren. Es symbolisiert für sie spirituelle Reinheit, Unschuld, Bescheidenheit und Wahrheit. In der Offenbarung tritt der Messias nicht nur als Löwe von Juda auf, sondern auch als Lamm. Der Löwe besiegt das satanische Tier, aber erst dem Lamm gelingt es, die sieben

Siegel zu öffnen. Während der Löwe seine Stärke offen und aggressiv demonstriert, ist das Lamm bescheiden und zurückhaltend. Es verkörpert spirituelle Kraft und Ausdauer und bildet damit die notwendige und entscheidende Ergänzung zur physischen Kraft des Löwen (ibid., S. 103 ff.).

Das Löwengebrüll der Rastas soll die Mauern Babylons zum Einstürzen bringen.

**Icient Living**

Die konsequente Weigerung der Rastas, scharfe oder spitze Gegenstände an ihre Körper heranzulassen, kann auch als Konsequenz aus der historischen Erfahrung gedeutet werden, daß die körperliche Mißhandlung von SklavInnen mit einer Vielzahl von Folterinstrumenten eine Grundbedingung für das Funktionieren des Systems der Sklaverei war (s. z. B. Patterson 1967: 82 f.). *Dreadlocks* sind ein lebendiges Symbol für die Überwindung der von *Babylon/Rom* herbeigeführten Brüche und Zerstörungen. Sie stehen für eine Rückkehr zur Natur und für eine Verbindung mit den *Ancient Days.* Die Rastas sprechen von *Icient Living*[90] bzw. *Creation Living,* das heißt von einer natürlichen, ursprünglichen Lebensweise, die vor der von *Babylon/Rom* verursachten Entfremdung von der Natur bzw. vor der Versklavung möglich war. Die *Rasta-Livity* soll eine Rückkehr zu dieser alten, gesunden Lebensweise ermöglichen. Schere, Rasiermesser und Kamm sind in der Symbolwelt der Rastas die Instrumente, die die Römer erfunden haben, um die Verbindung der Israeliten zu ihrer ursprünglichen Lebensweise zu zerstören und sie ihrer göttlichen Kraft und ihrer Würde zu berauben (Owens 1982: 72, 149 ff.). In einem Lied von Anthony B. heißt es:

> Fire 'pon Rome
> Fi Pope Paul an' him scissors and comb
> Black people waan go home
> A Mount Zion-a-di righteous throne
>
> (Anthony B. 1996: »Fire 'pon Rome«).[91]

Viele jamaikanische Schulen weigern sich, Kinder mit Dreadlocks aufzunehmen.

**Dreadlocks in-a-Babylon**

Daß die Haarsymbolik nicht nur von den Rastas selbst, sondern auch von Vertretern der von ihnen als *Babylon* bezeichneten Gesellschaft, insbesondere von der Polizei, sehr ernst genommen wird, haben im Laufe der Jahre sehr viele Rastas am eigenen Leib erfahren müssen. Immer wieder wurden Rastas (in Jamaika und in anderen Ländern) Opfer brutaler Polizeiattacken, und oft wurden sie dabei dadurch gedemütigt, daß Polizisten ihnen willkürlich die *Dreadlocks* abschnitten (s. z. B. Owens 1982: 245; Dijk 1993: 217). Während das Abschneiden der *Dreadlocks* inhaftierter Rastas in England (seit 1981) und in den USA (seit 1990) mittlerweile gesetzlich verboten ist, wurde diese Praxis in jamaikanischen Gefängnissen beibehalten (Dijk 1993: 259, 329, 445).

Schwierigkeiten gibt es in Jamaika auch für SchülerInnen, die *Dreadlocks* tragen. Nachdem in mehreren Fällen Lehrer Rasta-Kindern die *Dreadlocks* abgeschnitten hatten, weigerten sich einige Rastas, ihre Kinder in öffentliche Schulen zu schicken. Seit Anfang der 70er Jahre gab es deshalb mehrere Initiativen von Rastas, eigene Schulen für ihre Kinder zu organisieren. In einer 1990 in Jamaika durchgeführten Umfrage erklärten immer noch mehr als die Hälfte der 50 befragten Rektoren öffentlicher Schulen, daß sie nicht bereit seien, SchülerInnen mit *Dreadlocks* aufzunehmen (ibid., S. 223 f., 307 f.).

**Dreadlocks und Baldheads**

Rastas mit *Dreadlocks* vergleichen sich selbst mit fruchtbaren Bäumen; Menschen ohne *Locks* sind für sie dagegen wie tote Bäume ohne Blätter. Sie rezitieren in diesem Zusammenhang oft Psalm 1,3 (in leicht abgeänderter Form):

- »I-n-I shall be like the tree that is planted by the rivers of waters, that bring forth fruit in due seasons. I-n-I locks and life also shall not wither whatsoever I-n-I does shall prosper« (zit. in Owens 1982: 157).

Besonders lange *Dreadlocks* symbolisieren für die Rastas einen Zustand spiritueller Vollkommenheit, den sie als *Fullness* bezeichnen (Birhan 1982: 83). Allerdings betrachten die meisten Rastas *Dreadlocks* nicht als absolute Bedingung für die Verbindung zu *Jah*. Sie betonen, daß Selassie im Herzen jedes einzelnen Rastas lebe und daß es daher auch für Rastas ohne *Dreadlocks* möglich sei, seine göttliche Kraft zu erleben (Faith 1990: 317).

Bis Anfang der 60er Jahre galten die *Dreadlocks*[92] als der radikalere Teil der Rastas, im Gegensatz zu den gemäßigteren *Combsomes*[93] und *Baldheads*[94] (Chevannes 1994c: 93). Bereits Ende der 60er Jahre waren die *Dreadlocks*-Rastas innerhalb der Bewegung klar in der Mehrheit, und seitdem gelten die verfilzten Locken als typisches Merkmal der Rastas. Allerdings lassen sich seit der Kommerzialisierung von Rastafari-Symbolen in den 70er Jahren auch viele Personen *Dreadlocks* wachsen, die nichts mit Rastafari-Ideen zu tun haben. Genausowenig wie alle Rastas *Dreadlocks* tragen, ist also jede Person mit *Dreadlocks* ein Rasta.

## Livity

### Ital Living

Der Ausdruck *Livity* steht bei den Rastas für eine positive, gesunde, reine Lebensweise. Ein Synonym dafür ist *Ital Living*[95]. Ziel der *Rasta-Livity* ist die Befreiung und Reinigung von Körper und Geist. Dadurch soll den Rastas eine möglichst intensive Erfahrung der göttlichen Kraft Haile Selassies ermöglicht werden. Als Rasta-Ideal gilt das Leben in einer intakten Gemeinschaft von Selbstversorgern auf dem Land im Einklang mit einer unverdorbenen Natur. Als Negation davon betrachten die Rastas die Anonymität und Verdorbenheit der vom *Babylon-System* erschaffenen Städte, die sie auch als *Shitty*[96] oder *Concrete Jungle* bezeichnen (Johnson-Hill 1995: 208 ff.).

Die Verbundenheit zur Natur ist ein zentrales Rastafari-Konzept. Die Rastas wollen zu einem möglichst natürlichen, reinen, unverdorbenen Zustand zurückkehren, um so die von *Babylon* verursachten Brüche zu überwinden. Da der Gott der Rastas ein *lebendiger* Gott ist, erkennen die Rastas Selassies göttliche Kraft *in* der Natur. Dagegen steht *Babylon* für die Entfremdung der Menschen von der Natur, für rücksichtslose Ausbeutung natürlicher Ressour-

Rasta Community

cen, für Vergiftung, Verseuchung und Vernichtung der Natur. Die Erdverbundenheit der Rastas steht im Gegensatz zu den Bestrebungen *Babylons*, die auf die Beherrschung des Weltalls ausgerichtet sind. Während *Babylon*, das einen entfernten Gott im Himmel anbetet, künstliche Produkte herstellt und künstliche Welten aufbaut, bezieht sich die *Livity*-Konzeption der Rastas mit ihrem lebendigen Gott nur auf natürlich gewachsene, nicht-verfremdete Dinge, wie *Dreadlocks*, *Ital Food*, Marihuana und das Konzept vom menschlichen Körper als »Gotteshaus« (Owens 1982: 144 ff.).

## Ital Food

Als *Ital Food* werden von den Rastas alle vegetarischen Nahrungsmittel, die in der Natur ohne künstliche Manipulation durch den Menschen wachsen, bezeichnet. Viele Rastas bevorzugen Rohkost. Sie glauben, daß eine Ernährung nach dem *Ital*-Prinzip sie einem natürlichen, unverfälschten, reinen Zustand, dem *Icient Living* bzw. *Creation Living*, näherbringt:

- »Der Ital-Weg führt vorwärts zu den ehrwürdigen und natürlichen Traditionen, die der in der modernen Gesellschaft vorherrschenden Entfremdung widerstehen. Ital ist ein energiespendender Weg, die physische und geistige Struktur des Menschen in ihrem ursprünglichen Schöpfungszustand zu bewahren« (Faristzaddi 1982b: 111).

Als lebendiger Gott benutzt Selassie nach Auffassung der Rastas den Körper jedes einzelnen Rastas als Tempel bzw. Wohnstätte. *Jah* ist also kein jenseitiger Gott, sondern eine lebendige Kraft, die sich im menschlichen Körper befindet. Um diese göttliche Kraft in ihrem reinen Zustand zu bewahren und zu erfahren, darf der Körper nicht mit manipulierter Nahrung oder totem Fleisch verunreinigt werden (Homiak 1994a: 149 f.). Totes Fleisch geschlachteter Tiere bezeichnen die Rastas mit dem Begriff *Deddas*[97]. Es stellt für sie die

Antithese zu *Ital Food* dar. Die meisten Rastas lehnen Fleischkonsum aus folgenden Gründen ab:

1) Die Rastas tabuisieren den Tod. Totes Fleisch gilt als unrein.
2) Die Rastas respektieren das Leben der Tiere und lehnen es ab, sie zu töten.
3) Sie lehnen körperliche Gewalt ab und gehen davon aus, daß Fleischkonsum den Menschen aggressiv macht.
4) Die Rastas gehen davon aus, daß Fleischkonsum gesundheitsschädlich ist.

Diejenigen Rastas, die Fleisch konsumieren, essen in der Regel kein Schweinefleisch, denn das Schwein wird von ihnen, unter anderem aufgrund des alttestamentarischen Verbots, als besonders unreines Tier angesehen. Außerdem wird Schweinefleisch als wichtigstes Nahrungsmittel der Weißen betrachtet und daher mit der Sklaverei assoziiert. Fisch ist dasjenige tierische Nahrungsmittel, das von den nicht-vegetarischen Rastas am meisten konsumiert wird. Dies liegt vor allem daran, daß einige Rastas in Jamaika Fischer sind (Owens 1982: 167 ff.; Faristzaddi 1982b: 111).

Die Rastas bevorzugen Nahrungsmittel aus eigenem Anbau. Mahlzeiten, von denen sie nicht wissen, von wem bzw. womit sie zubereitet wurden, lehnen sie ab, ebenso jede Art von Konserven. Von menstruierenden Frauen zubereitete Mahlzeiten sind für die meisten tabu. Strikte Rastas trinken keine alkoholischen Getränke, keine Milch und keinen Kaffee. Stattdessen trinken sie mit Marihuana oder anderen natürlich gewachsenen Kräutern zubereiteten Tee und Obstsäfte (Barrett 1977: 141–142). Industriell gefertigte Medikamente benutzen Rastas möglichst keine, sondern nur natürliche Heilkräuter. Alle Arten von Drogen (Alkohol, Tabak, Heroin, Kokain und andere chemische Drogen) sind für konsequente Rastas tabu (Barrett 1977: 131, 141, 209). Auch Salz ist nach den Vorstel-

**Darstellung des Abendmahls auf einem Ital-Food-Restaurant**

lungen von *Ital Food* tabu. Ein Salztabu existiert ebenfalls in der Kumina-Religion. Nach Schuler (1980: 77, 93) geht die Auffassung der Kumina-AnhängerInnen, daß sie durch Salzkonsum die Fähigkeit zur Kommunikation mit den Geistern der Ahnen verlieren, auf zentralafrikanische Vorstellungen zurück. Bereits zu Zeiten der Sklaverei existierte in Jamaika der Glaube, der Konsum salzhaltiger Nahrung[98] verhindere, daß der Geist der SklavInnen das Salzwasser des Ozeans überqueren und nach Afrika zurückfliegen könne. Das Salztabu der Rastas ist auf diese Vorstellungen zurückzuführen, auch wenn die Rastas heute jede Verbindung oder Ähnlichkeit mit Kumina und anderen Religionen, in denen Geistbesessenheit eine Rolle spielt, leugnen.

Viele Rastas fasten regelmäßig. Bei den Bobo Dreads ist sogar der Sabbat als Fastentag institutionalisiert. Die Bobos achten auf die strikte Einhaltung der Sabbat-Vorschriften: Von Freitagabend bis Samstagabend wird gefastet, und die Beschäftigung mit weltlichen Dingen ist untersagt. Dies ist die Zeit für besonders intensive Formen von Kontemplation und *Reasoning*. Bei den Sabbat-Gottesdiensten predigen die Bobo-Priester, und es werden Hymnen gesungen (Naliwaiko 1982: 124 f.). Wie äthiopische Priester tragen die Bobo-Priester lange weiße Gewänder und weiße Turbane.

### Marihuana

Marihuana definieren die Rastas nicht als Droge, sondern als Heilpflanze bzw. als heilige Pflanze. Das Rauchen von Marihuana ist ein zentrales religiöses Rasta-Ritual. Gleichzeitig spielt Marihuana aufgrund seiner sowohl entspannenden als auch anregenden Wirkung im Alltag vieler Rastas als Medizin (sowohl präventiv als auch kurativ) eine wichtige Rolle. In Bezug auf Marihuana vollziehen die Rastas also keine Trennung – das heißt kein starres entweder/oder – zwischen dem sakralen und dem alltäglichen Bereich. In Jamaika wird Marihuana meist *Ganja* genannt. Die Rastas haben für ihr »heiliges Kraut« allerdings noch zahlreiche weitere Namen erfunden, unter anderem:

| | | |
|---|---|---|
| – Ishence[99] | – King's Bread | – Lamb's Bread[100] |
| – Herb/Herbs | – Kali/Collie/Colley[101] | – Iley[102] |
| – Maka[103] | – Kaya[104] | – Weed of Wisdom |

Marihuana wird im Alltag von den Rastas oft in Form eines *Spliffs*[105] oder als *Ganja*-Tee konsumiert. Einige Rastas benutzen Marihuana auch als Gewürz oder reiben sich mit Marihuanaasche die Haut ein. Die Wasserpfeife hat demgegenüber eine größere religiöse Bedeutung: Sie wird als *Chalice* (Kelch) bezeichnet. Es ist üblich, daß ein Rasta vor dem Anzünden der Pfeife ein kurzes Gebet spricht bzw. die Pfeife segnet (*Blessing*) (Faristzaddi 1982c: 145; Owens 1982: 158 ff.; Barrett 1977: 131). Die *Chalice* steht für die Verbundenheit der Rastas mit den vier Elementen:

Chalice

1) die Erde, in der die Marihuanapflanze wächst;
2) das Feuer, mit dem die Pfeife angezündet wird;
3) das Wasser, durch das der Rauch gezogen wird;
4) die Luft, mit der der Rauch inhaliert wird (Brynda 1994: 86).

Die *Chalice* wird von den Rastas bevorzugt aus Pflanzen, zum Beispiel aus Kokosnüssen oder Kalebassen, gebastelt. Es werden aber auch andere Gegenstände, zum Beispiel Glasflaschen, Metallrohre oder Rinderhörner, für die Herstellung von *Ganja*-Pfeifen verwendet. Die Rastas betrachten ihren Körper als »lebendigen Tempel« bzw. als »Gotteshaus« (im Gegensatz zu den »toten« Kirchengebäuden des etablierten Christentums) und das Rauchen von Marihuana als »Taufe durch das Feuer«. *Ganja* gilt auch als Weihrauch (*Ishence*) der Rastas. Die Rastas bezeichnen die Marihuanapflanze als *Tree of Life* und als *Healing of the Nation* (Faristzaddi 1982c: 145). Sie beziehen sich dabei auf Offenbarung 22,2:

- »Zwischen der Straße der Stadt und dem Strom, hüben und drüben, stehen Bäume des Lebens. Zwölfmal tragen sie Früchte, jeden Monat einmal; und die Blätter der Bäume dienen zur Heilung der Völker.«[106]

It's good for meditation, man ...
(Culture: *International Herb*, LP-Cover)

*Ganja* ermöglicht bzw. erleichtert die Erfahrung der inneren göttlichen Kraft Haile Selassies (Faristzaddi 1982c: 145). Für viele Rastas gilt das Rauchen der *Chalice* als »the purest and most natural form of attaining communion with God«. Das »heilige Kraut« wird von den Rastas als Hilfsmittel in ihren *Reasonings*, Gebeten und Meditationen benutzt, um Weisheit, Wissen und Erkenntnis (»wisdom, knowledge and overstanding«) zu erlangen. Ebenso dient es vielen Rasta-KünstlerInnen als Inspiration zu kreativen Leistungen (Owens 1982: 160–165). *Ganja* hilft den Rastas, ihr wahres Selbst und die durch die Manipulation *Babylons* ins Unterbewußtsein verdrängten afrikanischen Wurzeln bzw. »Vibrationen« wiederzufinden:

- »In fact, this is the main significance of herbs at the individual level: it resurrects and stimulates dormant African vibrations. It helps some Rastas to find their way back to the ›lost‹ Africa of the ›I‹. [...] Used in its many forms and with proper understanding it can become a vehicle through which an ancient original power and spirit infuses the body with a primeval source of energy« (Forsythe 1983: 113).

Viele Rastas erleben ihre ersten *Ganja*-Meditationen als spirituelle Wiedergeburt, in der ihnen die Augen geöffnet werden: einerseits für die göttliche Kraft, die in ihnen selbst steckt, und andererseits für die Verdorbenheit des *Babylon-Systems*. Sie sagen, *Ganja* entferne den Schleier, den die Gesellschaft über das Bewußtsein des Einzelnen lege. Daß diese Art von Erleuchtung (*Revelation*) von *Babylon* als Bedrohung empfunden wird, betrachten die Rastas als Grund für die Strafverfolgung durch die *Agenten Babylons* (die Polizei), der sie seit den Anfängen der Bewegung permanent ausgesetzt sind (Owens 1982: 162 f.; Barrett 1977: 216 f.). Einen weiteren Grund für die Kriminalisierung des »heiligen Krauts« erkennen die Rastas darin, daß es sowohl von der

Pharmaindustrie als auch von den Herstellern alkoholischer Getränke als Konkurrenz betrachtet wird.

Auch wenn das Marihuanarauchen für sehr viele Rastas ein zentrales religiöses Ritual ist, gilt es keineswegs als Bedingung für das Bekenntnis zu Rastafari: Es gibt auch Rastas, die kein Marihuana rauchen. Das bekannteste Beispiel dafür ist wohl der Dub-Poet und Radiomoderator Mutabaruka. Er wehrt sich gegen das Vorurteil, der Rastafari-Glaube beruhe einzig und allein auf einer Vernebelung der Sinne:

Dispel the lie
That I Rastafari
Drug religion
A misconception
Sent by Babylon
To cause distraction
From identification
With our African roots
[...]

Dispel the lie
That I Rastafari
Can only see clear
When smoking a spliff
Or taking a whiff
From a chalice in the palace

I-n-I
See no god in a cloud of smoke
A yoke
Sent from slavery
To discredit I philosophy
About Jah in Man

Mutabaruka

Man is one
No smoke reveal Jah to I
Dispel the lie

Jah light
Shinin' bright
No candle tonight
I am the light

(Mutabaruka 1991: »Dispel the lie«).

Während die Rastas Marihuana als *African herb* bezeichnen, gehen einige AutorInnen (z.B. Rubin 1975a: 260) davon aus, daß die Praxis des Marihuanarauchens und deren Einbindung in einen religiös-rituellen Kontext in Jamaika von den indischen Vertragsarbeitern eingeführt wurde, die seit Mitte des 19. Jahrhunderts auf die Insel kamen. Zur Begründung wird vor allem darauf verwiesen, daß sich in Jamaika das indische Wort *Ganja* als Bezeichnung für Marihuana durchgesetzt hat und daß es in der Literatur aus der Sklavenzeit keine Hinweise auf Marihuanakonsum gibt.

Allerdings spricht einiges dafür, daß die in Jamaika sehr weit verbreitete Praxis des Marihuanarauchens[107] nicht nur auf indische, sondern auch auf afrikanische Einflüsse zurückgeht. So wird *Ganja* auch bei Kumina-Zeremonien geraucht und von Kumina-AnhängerInnen mit zentralafrikanischen Namen, zum Beispiel *diamba, marimba, makoni* und *kaya*, bezeichnet (Savishinsky 1998: 131 f., 142 f.).

Ebenso wie indische Vertragsarbeiter kamen Mitte des 19. Jahrhunderts auch Vertragsarbeiter aus der Kongo-Region nach Jamaika, und bereits ein Teil der versklavten AfrikanerInnen stammte ebenfalls aus diesem Gebiet (s. Patterson 1967: 125 f., 134 ff.). Da in der Kongo-Region – wie auch in vielen anderen Teilen Zentral-, Ost- und Südafrikas – das Rauchen von Marihuana, teilweise auch im religiösen Kontext, seit Jahrhunderten eine gängige Praxis ist (s. Toit 1975: 81–116), ist die These, die Verbreitung dieses Gebrauches der Pflanze in Jamaika sei ausschließlich auf indische Einflüsse zurückzuführen, nicht nachzuvollziehen. Wie Bilby (zit. in Savishinsky 1998: 132) richtig feststellt, ist es nicht sinnvoll, *entweder* von einer indischen *oder* von einer afrikanischen Herkunft der Praxis zu sprechen, sondern man kann davon ausgehen, daß *sowohl* indische *als auch* afrikanische Einflüsse eine Rolle spielten. Darüberhinaus ergaben archäologische Funde, daß Marihuana offenbar auch in Äthiopien seit langer Zeit im religiösen Kontext als »Kraut der Weisheit« verwendet wird: J.C. Dombrowski fand 1971 bei Ausgrabungen in der Lalibela-Höhle in Begemder zwei Keramik-Wasserpfeifen aus dem 14. Jahrhundert. Untersuchungen der Rückstände in den Pfeifenköpfen ergaben Spuren von Cannabinoiden (Meerwe 1975: 77–80).

## Reasoning

Die Rastas leisten der durch die Medien verbreiteten *Propaganda Babylons* Widerstand, indem sie in ihren *Reasonings* eine eigene »orale Tradition« entwickeln: Einige Rastas treffen sich täglich zu *Reasonings* in bestimmten *Yards*, andere nur sporadisch. Kleinere *Reasonings* können spontan stattfinden, größere müssen geplant und organisiert werden. Die *Reasonings* mit den meisten

Teilnehmern finden im Rahmen der Nyabinghi-Veranstaltungen statt (Edmonds 1998b: 355). *Reasonings* dienen dem Austausch der Rastas über historische und aktuelle Ereignisse auf der lokalen und der globalen Ebene. Besonders häufig behandelte Themen sind Sklaverei, Kolonialismus und Rassismus. Außerdem wird oft über biblische Prophezeiungen sowie persönliche Träume und Visionen geredet. Gebete und Lobpreisungen Haile Selassies sind feste Bestandteile eines *Reasonings*, da die Rastas ein *Reasoning* als heiligen Akt betrachten. Jeder Teilnehmer erhält die Gelegenheit, sich zu äußern, und darf, außer für Zwischenfragen, nicht unterbrochen werden. Jeder kann so lange reden, wie er will, und selbst entscheiden, zu welchen Themen er sich äußert. Von den Teilnehmern wird Konzentration und eine klare Ausdrucksweise erwartet. Die Rastas nehmen sich sehr viel Zeit für ihre gemeinsamen Sitzungen, die in der Regel mehrere Stunden dauern (Owens 1982: 186; Homiak 1987: 224). Naliwaiko (1982: 131) beschreibt die Struktur der *Reasonings* so:

> »Formal folgt die Argumentation dem Muster der Assoziation und ist kumulativ. Das wiederholt sich auch im Stil der ›reasonings‹ selbst. Anders als üblicherweise in europäischen Diskussionsrunden, die sich als Rede/Gegenrede oder These/Antithese vollziehen, wird beim ›reasoning‹ unter Rastas zu Grundfragen gemeinsam Material gesammelt. Jeder Beteiligte trägt bei, jeder kann reden und tut das auch. Das formal Kumulative der Argumentationsweise liegt vor allem daran, daß das Ergebnis solcher Gespräche im wesentlichen bereits feststeht. Wogegen angeredet wird, ist die äußere Welt, der Rasta als Antithese entgegengestellt wird.«

Zwar herrscht unter den Rastas Einigkeit über den *Zion-Babylon*-Kontrast, der den *Reasonings* als Paradigma zugrundeliegt. Das bedeutet jedoch keineswegs, daß es zwischen den Rastas bei ihren Sitzungen keine Meinungsverschiedenheiten gibt. Das Erreichen eines Konsens ist zwar das Ziel eines *Reasonings*. Die Rastas sind sich allerdings darüber im klaren, daß es in konkreten Einzelfragen keine absoluten Wahrheiten gibt: »Every question has an answer and in the answer is another question and so it goes on« (Bones 1987: 35).

*Reasonings* sind also dynamische Prozesse, in denen die Rasta-Konzeptionen und -Symbole immer wieder neu verhandelt, interpretiert und formuliert werden.[108] *Reasonings* sind für die Rastas auch Gelegenheiten, ihre jeweilige Position innerhalb einer bestimmten Gruppe zu festigen oder zu verbessern. Dies gilt insbesondere für die orthodoxen *Elders* des House of Nyabinghi. Ihre Autorität beruht vor allem auf ihrer persönlichen Biographie, ihrem Wissen und ihren intellektuellen und rhetorischen Fähigkeiten (Homiak 1987: 224 f.). Ein Außenstehender, der selbst kein Rasta ist und zum ersten Mal an einem *Reasoning* teilnimmt, wird verbal scharf attackiert und provoziert. Wenn er diese erste Phase verbaler Angriffe übersteht und wenn sich im Verlauf dieses rituellen Dramas herausstellt, daß der Neuling nicht auf der Seite *Babylons* steht, sondern auf der Seite der Rastas, dann wird das von den Rastas anerkannt; er wird danach mit Respekt behandelt und eventuell sogar in die Gemeinschaft der Rastas aufgenommen (Owens 1982: 64; Lewis 1993: 25).

**Kreativität**

Das *Peace-and-Love*-Konzept der Rastas, das in den Medien oft als eine naive, weltfremde Heile-Welt-Romantik interpretiert wird, wurde tatsächlich unter sehr harten Bedingungen in den Slums von Kingston entwickelt und war ursprünglich keine Träumerei, sondern die konkrete Aufforderung an die Bewohner der Slums, jede Art von Gewalttätigkeit zu beenden, die als Grund der Gewalt erkannte Orientierung an materiellen Werten aufzugeben und sich einer spirituellen, kreativen Lebensweise zuzuwenden (Owens 1982: 205 f.). Diejenigen AutorInnen, die sich ernsthaft mit den Rastas in den Slums von Kingston und ihren Lebensbedingungen auseinandergesetzt haben, sind beeindruckt von der Spiritualität, der Kreativität und den Umgangsformen der Rastas. Zum Beispiel sagt Johnson-Hill (1995: ix): »In this context of violence and fear, I was struck by the way Rastafarians seemed to be walking to the beat of a different drummer. I was particularly impressed by their openness, curiosity, and acts of kindness.«

Rodney (1969: 68) bezeichnet die Kreativität der Rastas angesichts der historischen Erfahrung der Sklaverei und der gegenwärtigen lebensfeindlichen Bedingungen in den Slums von Kingston als ein Wunder:

» »It is a miracle how those fellows live. They live and they are physically fit, they have a vitality of mind, they have a tremendous sense of humour, they have depth. How do they do that in the midst of the existing conditions? And they create, they are always saying things. You know that some of the best painters and writers are coming out of the Rastafari environment.«

Seit den 60er Jahren hat die Kreativität der Rastas vor allem in folgenden Bereichen ihren künstlerischen Ausdruck gefunden: Reggae-Musik, Dub Poetry[109], Malerei, Grafiken, Gestaltung von Schallplattencovern, Bildhauerei, Holzschnitzerei, Keramikarbeiten. Zu den wichtigsten Motiven der bildenden Kunst der Rastas zählen: der Löwe; Haile Selassie; Marcus Garvey und andere zentrale historische Figuren des schwarzen Widerstandes in Jamaika; biblische Figuren (vor allem Salomo und David); *Dreadlocks-Rastas*; Reggae-Musiker; der »Black Star Liner«; Naturmotive (unter anderem die Marihuanapflanze); Szenen einer Rückkehr nach Afrika oder vom Leben in Afrika.

Ras Dizzy

Rot, gold (gelb) und grün (die Farben der äthiopischen Flagge) sowie schwarz (als »afrikanische Hautfarbe«) sind die von Rasta-KünstlerInnen am häufigsten verwendeten Farben. Durch die Omnipräsenz der Farben der äthiopischen Flagge drücken die Rastas aus, daß sie sich selbst nicht als JamaikanerInnen, sondern als ÄthiopierInnen bzw. AfrikanerInnen definieren. Außerdem haben diese Farben für die Rastas folgende symbolische Bedeutung: Rot steht für das Blut, das die Afrikaner im Kampf gegen Sklaverei und Kolonialismus vergossen haben; Gold steht fur die Schätze, die ihnen von den Europäern geraubt wurden; Grün steht für das Land, das ihnen von den Europäern weggenommen wurde. Gleichzeitig stehen rot, gelb und grün als Regenbogenfarben für einen Neuanfang, das heißt für die Wiederauferstehung aller Menschen mit schwarzer Hautfarbe nach jahrhundertelanger Unterdrückung (Bender, Naliwaiko 1992: 11–24; Owens 1982: 78).

Die Rasta-KünstlerInnen vollziehen in ihren Arbeiten keine Trennung zwischen einem sakralen und einem prophanen Bereich. So werden auch alltägliche Gebrauchsgegenstände (zum Beispiel Trommeln, Häuserwände, Fässer, Autos) von ihnen mit religiösen Rasta-Motiven bemalt. Zu den bekanntesten Rasta-Künstlern in Jamaika zählen der Maler Ras Dizzy und der Grafiker Jah Lloyd (s. Bender 1992a: 100–141).

## Sprache

### Word, Sound and Power

Kill'em wid di
Word power
Combine wid di sound
In-a-dem-ya-sound
Careless Ethiopian-a-go down, see't?[110]

Word power
Combine wid di sound
Iniquity worker frown, see't?

Word power
Combine wid di sound
In-a-dem-ya-sound
Pope Paul-a-go drown, see't?

(Kelly 2002: »Word Power«)

Ein zentrales Rasta-Konzept ist *Word, Sound and Power*. Kreativität und Dynamik der Sprache sind von essentieller Bedeutung für die Rastas. Während die Rastas jede Form von körperlicher Gewaltanwendung ablehnen, betrachten sie das *Wort* als ihre Waffe: Da das Wort Herz und Seele eines Menschen treffen kann, besitzt Sprache nicht nur ein kreatives, sondern gleichzeitig auch ein destruktives Potential (Owens 1982: 179 f.). Faristzaddi (1982a: 80) faßt die *Word-Sound-and-Power*-Konzeption der Rastas folgendermaßen zusammen:

- »Die Rastas betrachten das LEBENDIGE Wort als die Grundlage der Schöpfung: ›Am Anfang war das Wort, und das Wort war bei Jah, und Jah war das Wort.‹ Ihre Sprache versucht daher vor allen Dingen, die Worte, deren Klang und deren Kraft zu vervollkommnen; das Schwert mit zwei Schneiden.
  Ein Wort kann töten oder heilen. Jedes Wort hat bestimmte Schwingungen, eine bestimmte Ausstrahlung. Es hat eine Geschichte, und Worte sollten niemals gedankenlos verwendet werden. Die Sprache ist die wertvollste Gabe des Menschen, Denk- und Reflexionsvermögen in und durch die Sprache sind der höchste Gipfel, den er erreichen kann. Die Kontrolle der Zunge und dessen, was sie von sich gibt, ist der Schlüssel zu Leben und Tod.
  Vollständige Balance und vollkommene Beherrschung von Wort, Klang und Kraft: Das ist das Schwert mit den zwei Schneiden, das die Taten von I & I verkündet und den König, den Heiligen aus Israel, preist.«

Das Bild vom »Schwert mit den zwei Schneiden«, das als Metapher für die Kraft des Wortes steht, stammt aus der biblischen Offenbarung (19,13–15 und 19,21). Dort ist das Schwert bzw. das Wort die wichtigste Waffe des Löwen von Juda im Kampf gegen das satanische Tier. Die Auffassung der Rastas, daß der Klang eines Wortes bestimmte Schwingungen (*Vibrations*) hat, die nicht willkürlich sind, sondern positive oder negative, heilende oder zerstörerische Wirkungen hervorrufen, entspricht afrikanischen Konzeptionen von der Kraft des Wortes:

- »You have to speak to Jamaican Rasta, and you have to listen to him, listen very carefully, and then you will hear him tell you about the Word. And when you listen to him, and you can go back and read *Muntu*, an academic text, and read about *Nomo*, an African concept for Word, and you say, Goodness the Rastas know this, they knew this before Janheinz Jahn« (Rodney 1969: 67).

Die Rastas haben das Bedürfnis, eine eigene Sprache zu erfinden bzw. wiederzufinden, weil sie sich mit den versklavten AfrikanerInnen identifizieren und ihnen bewußt ist, daß diesen von den Sklavenhaltern mit ihrer Muttersprache ihre wichtigste Waffe genommen wurde (Owens 1982: 182). In der Rasta-Version einer alten Revival-Hymne, in der Teile von Psalm 137 zitiert werden, wird das so ausgedrückt:

For the wicked carried us away in captivity
Required from us a song
But how can we sing King Alpha's song in a strange land?
(Melodians 1980 [1968]: »Rivers of Babylon«).[111]

Der Rasta-Poet Bongo Jerry verdeutlicht in seinem Gedicht »Mabrak«[112], daß das Wiederfinden bzw. die Erfindung einer »schwarzen Sprache« viel wichtiger für die Konstruktion einer afrikanischen Identität ist als das Tragen einer afrikanischen Frisur oder afrikanischer Kleidung:

Every knee must bow
Every tongue confess
Every language express
WORDWORKS
YOU MUST COME
to RAS
MABRAK,
Enlightening is BLACK
hands writing the words of
black message
for black hearts to feel.

MABRAK is righting the wrongs and brain-whitening –
HOW?
Not just by washing out the straightening and wearing dashiki t'ing:
MOSTOFTHESTRAIGHTENINGISINTHETONGUE
[...]
SILENCE BABEL TONGUES;
recall and recollect BLACK SPEECH

(in Burnett 1986: 69–71).

**Amharisch**

Seit den 60er Jahren werden von Rastas in Jamaika neben Kursen über afrikanische (vor allem äthiopische) Kultur und Geschichte auch Amharischkurse organisiert (s. z. B. Yawney 1994a: 33–48). Auch die beiden äthiopischen Organisationen in Jamaika, die (Imperial) Ethiopian World Federation (EWF/IEWF) und die Ethiopian Orthodox Church (EOC), bieten Amharischkurse an, an denen vor allem Rastas teilnehmen. Owens (1982: 54 f.) berichtet, daß einige Rastas in den Slums von Kingston Amharisch-Lehrbücher besitzen und daß das amharische Alphabet oft von Rastas auf Häuserwände gemalt wird. Viele Rastas können lange Gebete auf Amharisch rezitieren.

Da Amharisch die offizielle Nationalsprache Äthiopiens und die Sprache des äthiopischen Kaisers ist, bedeutet das Erlernen dieser Sprache für die Rastas, eine Verbindung mit einer alten afrikanischen Tradition herzustellen, die bis zu König Salomo und der Königin von Saba zurückreicht. Amharisch wird daher von den Rastas als reine, ursprüngliche und – als Selassies Sprache – göttliche Sprache angesehen, und viele Rastas behaupten, daß das Original der Bibel auf Amharisch geschrieben wurde. Tatsächlich wurde die Bibel in Äthiopien zunächst (im 4./5. Jahrhundert) ins Ge'ez übersetzt. Eine amharische Version der Bibel existiert dagegen erst seit dem 19. Jahrhundert. Haile Selassie gab eine komplette Überarbeitung dieser amharischen Bibelübersetzung in Auftrag, die 1961 veröffentlicht wurde (Ullendorff 1968: 62 ff.). Auch wenn die versklavten AfrikanerInnen, die nach Jamaika verschleppt wurden, nicht aus Äthiopien stammten, ist Amharischlernen für viele Rastas gleichbedeutend mit dem Erlernen der eigenen afrikanischen Sprache, die in der Sklavenzeit »aus den Sklaven herausgepeitscht« wurde:

»This language is a language what beat out of us many many years ago. Over 400 years this language a beat out of we. From we start come down to the ports of Africa, come down, way down in the Caribbean here, you understand, everything beat out of we«[113] (Brother Dims, Rasta und EWF-Mitglied, zit. in Yawney 1994a: 37).

Amharisch ist also eines der Symbole, mit denen die Rastas versuchen, den Bruch der Sklaverei zu überwinden und eine Verbindung zu den *Ancient Days* bzw. zu einer ursprünglichen afrikanischen Lebensweise herzustellen. Amharischlernen ist somit ein Teil der *spirituellen Repatriation.* Gleichzeitig dient es als praktische Vorbereitung für eine eventuelle *physische Repatriation* nach Äthiopien.

Die Rastas erkennen den Zusammenhang von Sprache und kultureller Identität. Um die Notwendigkeit des Erlernens einer eigenen afrikanischen Sprache zu unterstreichen, vergleichen die Rastas oft die sprachliche Situation der auf das jamaikanische Kreol (*Patwa*) angewiesenen Afro-JamaikanerInnen mit derjenigen der Nachfahren der indischen und chinesischen VertragsarbeiterInnen, die sich jeweils durch den exklusiven Gebrauch ihrer ursprünglichen Sprachen von der übrigen jamaikanischen Bevölkerung abgrenzen können:

»For the Chiny boy can talk him language and the Indian boy can talk him language – every nation have some traditional culture about them but what about we with all the adoption we adopt?« (ibid.).

Innerhalb der Rastafari-Bewegung gibt es allerdings unterschiedliche Auffassungen darüber, welches denn nun die richtige Sprache für die Rastas sei: Konflikte gibt es diesbezüglich vor allem zwischen denjenigen Rastas, die der EOC und/oder der EWF angehören, und den *Nyabinghi-Elders*, die die äthiopischen Organisationen ablehnen. Natürlich genießt die amharische Sprache auch bei den *Nyabinghi-Elders* sehr hohes Ansehen. Nach Ansicht der meisten *Elders* sollten sich die Rastas jedoch, statt Amharisch zu lernen, auf die Entwicklung ihrer eigenen »Sprache«, des *Iyaric*, konzentrieren. Von den Vertretern von EOC und EWF wird dagegen *Iyaric* nicht als Sprache anerkannt.

## Iyaric

Die Idee des *Iyaric* entstand in den 50er Jahren unter den zu jener Zeit als besonders radikal geltenden *Dreadlocks-Rastas*.[114] Der Name *Iyaric*[115] ist zwar aus *I* und *amharic* zusammengesetzt (Faristzaddi 1982a: 79); allerdings hat diese Rasta-Sprache nichts mit der amharischen Sprache zu tun. Das *amharic* in *Iyaric* ist vielmehr ein Indiz dafür, daß durch die Rasta-Sprache, auch wenn es sich bei ihr um eine Neuschöpfung handelt, ebenfalls eine symbolische Verbindung zur *Anciency* hergestellt werden soll.

*Iyaric* basiert auf der jamaikanischen Kreolsprache. Die Sprache, die die Rastas mit der Zeit der Sklaverei assoziieren, wird also nicht sofort vollständig von einer neuen Sprache abgelöst. Vielmehr ist das *Iyaric* eine bewußte, dynamisch fortschreitende Veränderung des Jamaikanischen. Diejenigen Rastas, die sich an der Entwicklung des *Iyaric* beteiligen, haben das Ziel, die von *Babylon* verursachten Fehler und Täuschungen, die das Jamaikanische ihrer Meinung nach enthält, aufzudecken und zu beseitigen, so daß wieder eine reine und damit ursprüngliche Sprache entsteht. Dieser Säuberungsprozeß besteht im wesentlichen darin, daß kontinuierlich einzelne Silben bestimmter Worte (oft durch ihr Gegenteil) ersetzt werden, um die Bedeutung eines Wortes mit seinem *Sound* in Übereinstimmung zu bringen: Zum Beispiel assoziieren die Rastas das Wort *understand* mit unterwürfigem Verhalten und ersetzen es deshalb durch *overstand*. Da eine (Tabak-)Zigarette nach Auffassung der Rastas im Gegensatz zu Marihuana keine Visionen, sondern nur Krankheiten verursachen kann, nennen sie sie *blindgarette* (anstelle von *see-garette*). Außerdem kommt es auch immer wieder zu neuen, eigenen Wortschöpfungen. Weitere Beispiele für *Iyaric*-Wörter sind folgende (s. Birhan 1982: 81–90; Pollard 2000: 41–49)[116]:

- Blessings! = Rasta-Gruß
- downpressor = Unterdrücker (oppressor > up-pressor)
- dreadnut = Kokosnuß
- dunza; dunzai = Geld
- everliving = ewiglich (everlasting)
- for Iver = ewiglich (forever)
- Guidance! / Jah guide! = Rasta-Gruß
- Idren; bredren = Bruder/Brüder, Anrede für männliche Rastas
- Icome = Mango (man-go)
- Imes = Zeit/en (times)
- Inana; Jahnana; freenana = Banane (ban-ana)
- Inity = Einheit (unity > you-nity)
- Iditation = Meditation (me-ditation)
- Ippa = Pfeffer (pepper)
- Iquality = Gleichheit (equality > he-quality)
- Iration = Schöpfung (creation)
- Irate; crelove = erschaffen (create > cre-hate)
- Ises = Lobpreisungen (praises)
- Issembly = Nyabinghi-Treffen (assembly)
- Ital = natürlich; lebendig; gesund; rein; vollkommen
- Ites = spirituelle Höhen (heights); Farbe Rot (höchste Farbe in der äthiopischen Flagge > Ites, Gold and Green); Gruß
- Ithiopia = Äthiopien (Ethiopia > He-thiopia)
- Itinually = fortwährend (continually)
- Ivine = göttlich (divine)
- Iya; Nya = Rasta
- Iyawata; dawta = Tochter, Anrede für weibl. Rastas
- Jamdung = Jamaika
- livicate = widmen (dedicate > dead-icate)
- One love! = Rasta-Gruß
- pharmablind = Apotheke (pharmacy > pharma-see)
- satta = sich beruhigen, entspannen, ausruhen
- seen? = verstehst du?
- seen! = ja, alles klar
- sight = verstehen
- trod (on) = (weiter)gehen
- upfull = aufrichtig

Die große Zahl von *I-Words* im *Iyaric* erklärt sich durch die zentrale Rolle, die der Buchstabe *I* in der Sprache der Rastas spielt: Die Rastas lesen sowohl die römische Eins des äthiopischen Kaisertitels, Haile Selassie I, als auch das *-i* in *Rastafari* als englisches *I.* Um die Aussprache deutlich zu machen, benutzen viele Rastas auch die Schreibweisen *Selassie-I* und *Rastafar-I* bzw. *RastafarI.* Selassies Vorname wird von ihnen oft mit einem zusätzlichen *-I* versehen: *Haile-I Selassie-I.* Das Personalpronomen *I* ist den Rastas aufgrund dieser Verbindung mit Selassie heilig. Es steht für die Göttlichkeit jedes einzelnen Rastas. Die Rastas deklinieren das *I* in der Regel nicht und benutzen auch kein anderes Pronomen, wenn sie von einem anderen Rasta sprechen. (Anstelle von *you* bzw. *he/she* steht in diesem Falle der Ausdruck *the I.*) Sie erteilen dadurch auf der symbolischen Ebene jeder Art von Objektivierung menschlicher Personen eine endgültige Absage. Während es im Jamaikanischen üblich ist, *me* auch für die erste Person zu gebrauchen, kehren die Rastas die Verhältnisse um. Das Pronomen *me* wird von ihnen als Ausdruck der Entmenschlichung der Sklaven interpretiert: Daß die Sklaven zu bloßen Verkaufsobjekten degradiert wurden, hat sich demnach auf der sprachlichen Ebene in dem Gebrauch des Objektpronomens *me* für die erste Person niedergeschlagen. Das *I* steht also gleichzeitig für den Ausdruck der eigenen Göttlichkeit, für die Überwindung des historischen Bruches der Sklaverei bzw. jeglicher vom Menschen gemachten Spaltung und für die Rückkehr zu den afrikanischen Wurzeln. Zwei oder mehrere Rastas bezeichnen sich als *I-n-I.*[117] Sie drücken damit sowohl ihre Individualität und Subjektivität als auch ihre Gleichberechtigung, ihre gegenseitige Verbundenheit und ihre gemeinsame Erfahrung der göttlichen Kraft Haile Selassies aus (Owens 1982: 65–66).

Als *Sound* mit besonders positiven *Vibrations* gilt das Wort *Irie.* Dabei handelt es sich um eine Kurzform von *I-man free.* Der Ausdruck *Irie* beschreibt einen Zustand von Vollkommenheit, Zufriedenheit und Harmonie. Er kann sich auf das Wohlbefinden eines einzelnen Rastas beziehen, aber auch auf die positiven *Vibrations* innerhalb einer Rasta-Gruppe. Außerdem wird *Irie* als Grußwort benutzt (Homiak 1994a: 168 f.). In Gebeten verwenden die Rastas besonders viele *I-Words*, zum Beispiel:

»I-n-I the dreadlocks give Inually Yanks and Ises to Jah, RastafarI for the Itection of [= from] them that fight against I or the fulfilment of the works that I-n-I art here to do« (Iverton, ein Rasta aus Kingston, zit. in Owens 1982: 66).[118]

Homiak macht außerdem darauf aufmerksam, daß das *I* in *Rastafar-I* von den Rastas auch als *Eye* gelesen wird. Er verweist in diesem Zusammenhang auf die zentrale religiöse Bedeutung persönlicher Visionen und Träume für viele Rastas und spricht von einer »mystic revelation of Rasta Far-Eye« (Homiak 1994a: 162; auch 1987: 220 ff.). *I* (*Eye*) bezieht sich also auch auf die besonderen visionären bzw. kommunikativen Fähigkeiten der Rastas, die sie von Nicht-Rastas unterscheiden. Dementsprechend betonen einige Rastas, daß das (englische) Wort *see* sowohl am Anfang als auch am Ende des Namens des äthiopischen Kaisers steht: *See las-see*. So gelesen, läßt schon Haile Selassies Name die Rastas erkennen, daß er das *Alpha und Omega* ist, also Anfang und Ende der Schöpfung bzw. Gott (Yawney zit. in Pollard 2000: 28).

Die meisten Rastas benutzen nur eine begrenzte Anzahl von *Iyaric*-Wörtern. Homiak (1994a: 160–173) berichtet jedoch von einer Gruppe besonders radikaler *Dreadlocks-Rastas*, die das *Iyaric* bereits Ende der 50er Jahre zu einer selbst für andere Rastas kaum noch zu verstehenden Geheimsprache ausgebaut hatten: Aus *Rastafari* wurde bei dieser Gruppe zum Beispiel *I-yasta-Yoolie-I*, und die amharische Lobpreisung *Satta massa agana* wurde zu *I-yah-yatta I-yahmassa I-yah-yahyama*!

## Rasta-Frauen

### Marginalisierung

Frauen waren in der Rastafari-Bewegung von Anfang an in der Minderheit. Zu einer Marginalisierung von Rasta-Frauen im rituellen Kontext kam es jedoch erst ab den 50er Jahren: Ein großer Teil der radikalen *Dreadlocks-Rastas*, die in den 50er und 60er Jahren entscheidend an der Entwicklung der grundlegenden Vorstellungen, Verhaltensweisen und Tabus der *Rasta-Livity* beteiligt waren, praktizierte eine asketische Lebensweise und hielt sich von Frauen fern. Aus dieser Zeit stammt die heute noch bei vielen Rasta-Männern vorherrschende Auffassung, daß Frauen für Männer (wegen der Erregung von sexueller Lust und Eifersucht) eine Ablenkung von religiöser Kontemplation bedeuten und in diesem Sinne als unrein gelten.

Eine weitere Ursache für die Marginalisierung von Rasta-Frauen ist die ebenfalls seit den 50er Jahren praktizierte radikale Abgrenzung der Rastas von den anderen afrojamaikanischen religiösen Bewegungen, wie Revival, Pukumina und Kumina. In diesen Bewegungen sind Frauen z.T. in der Mehrheit, und Geistbesessenheitsrituale werden sehr oft von Frauen geleitet. Die Tabuisierung von jeder Art von Beschäftigung mit Geistbesessenheit trug daher entscheidend zur Marginalisierung von Frauen in der Rastafari-Bewegung bei (Chevannes 1994d: 121 ff.; Homiak 1994a: 140 ff.; Rowe 1998: 76 ff.).

Als sich die radikalen *Dreadlocks-Rastas* Anfang der 60er Jahre innerhalb der Bewegung gegenüber gemäßigteren Gruppierungen durchgesetzt hatten, war die Attraktivität der Rastafari-Bewegung für Frauen so gering, daß sich ihr nur sehr wenige Frauen anschlossen. Die Popularität der Rastafari-Bewegung in den 70er Jahren und der daraus resultierende Differenzierungs- und Öffnungsprozeß bewirkten dann, daß sich der Frauenanteil in der Bewegung stark vergrößerte. Der Erfolg der internationalen Frauenbewegung in den 70er Jahren beeinflußte auch den Rasta-Diskurs. Auf die Forderungen von Rasta-Frauen nach Gleichberechtigung reagierten jedoch die orthodoxen *Elders*, indem sie eine strikte Unterordnung der Frauen propagierten und feministische Ansätze als gefährliche Bedrohung für die Bewegung diskreditierten (Rowe 1998: 77–82).

Seit Anfang der 80er Jahre hat die Artikulation von Rasta-Frauen innerhalb und außerhalb der Bewegung stark zugenommen. Auch innerhalb des orthodoxen House of Nyabinghi organisieren sich einige Rasta-Frauen seit Anfang der 80er Jahre in Untergruppen (unter anderem die Dawtas United Working Towards Africa), um ihre Positionen gemeinsam zu artikulieren (Campbell 1985: 305; Dijk 1993: 291). Die Rasta-Frauen attackieren vor allem folgende weit verbreiteten Einstellungen bzw. Praktiken:

- die Auffassung, eine Rasta-Frau könne nur durch ihren *Kingman*[119] göttliche Inspiration erlangen;
- die Ausschließung oder Marginalisierung von Frauen bei Rasta-Ritualen;
- Konzeptionen von einer Unreinheit der Frauen, vor allem im Zusammenhang mit der Menstruation;

- orthodoxe Kleidungsvorschriften;
- das Tabu, Verhütungsmittel zu verwenden;
- Polygynie.

### Frauen bei den Twelve Tribes of Israel

Bei den Twelve Tribes of Israel, die als die liberalste Rasta-Organisation gelten, sind Frauen bei gemeinsamen Ritualen wie *Reasonings* und *Ganja*-Rauchen gleichberechtigt. Im *Executive Board* der Organisation sind Frauen und Männer mit jeweils 13 Mitgliedern zu gleichen Teilen vertreten. Auch die Kleidungsvorschriften sind bei den Twelve Tribes nicht so streng wie bei orthodoxen Gruppen. Zum Beispiel sind Kopfbedeckungen (für Frauen *und* für Männer) nur bei Gottesdiensten vorgeschrieben. Aufgrund dieser relativ liberalen Bedingungen ist der Anteil weiblicher Mitglieder bei den Twelve Tribes deutlich höher als bei anderen Rastafari-Organisationen (Dijk 1993: 292).

### Orthodoxe Ansichten

Patriarchale Vorstellungen sind jedoch in der Rastafari-Bewegung in Jamaika insgesamt vorherrschend. Bei der Durchführung der zentralen Rasta-Rituale und der Artikulation innerhalb des Rasta-Diskurses werden Frauen oft marginalisiert. Am *Reasoning* der orthodoxen Rastas nehmen Frauen höchstens als Zuhörerinnen teil, und auch am Trommeln, Singen und Tanzen während der *Nyabinghi*-Veranstaltungen beteiligen sich meistens ausschließlich Männer. In orthodoxen Rasta-Gruppen ist es außerdem üblich, daß Rasta-Frauen nicht mit den Männern zusammen *Ganja* rauchen (Brynda 1994: 82, 98; Yawney 1982: 137). Nach Auffassung orthodoxer Rastas gehören Gehorsamkeit, Bescheidenheit und Zurückhaltung zu den wichtigsten Verhaltensweisen, die von einer Rasta-Frau erwartet werden (Dijk 1993: 291). Die entscheidende Bibelstelle, die den Rastas als Begründung für die Unterordnung der Frauen dient, ist Epheser 5,22–24. Dort heißt es:

> »Ihr Frauen, ordnet euch euren Männern unter wie dem Herrn (Christus); denn der Mann ist das Haupt der Frau, wie auch Christus das Haupt der Kirche ist; er hat sie gerettet, denn sie ist sein Leib. Wie aber die Kirche sich Christus unterordnet, sollen sich die Frauen in allem den Männern unterordnen.«

Während die Rastas ansonsten bei ihrer Interpretation der Bibel sehr kreativ sind, wird diese Stelle von den meisten orthodoxen Rastas wörtlich genommen. Sie gehen davon aus, daß eine Frau (*Queen*) nicht selbständig, sondern nur mit Hilfe ihres Mannes (*Kingman*) tatsächlich die göttliche Kraft Selassies erfahren könne (Yawney 1982: 133).

Nach Ansicht orthodoxer Rastas dürfen Frauen keine Hosen tragen. Von ihnen wird erwartet, daß sie weite Kleidung tragen, um eine Betonung der weiblichen Körperformen zu vermeiden. Arme und Beine der Frauen sollen möglichst vollständig bedeckt sein. Die Beachtung dieser Kleidungsregeln soll bewirken, daß Rasta-Frauen weder in der Öffentlichkeit noch innerhalb von Rasta-Gemeinschaften bei Männern »unreine Gedanken«, hervorrufen. Aus demselben Grund müssen nach der orthodoxen Auffassung Rasta-Frauen jederzeit ihre *Dreadlocks* bedecken, während das für Rasta-Männer nur in der Öffentlichkeit gilt.[120] Außerdem ist das Auftragen von Make-up nach orthodoxer Ansicht für Rasta-Frauen tabu (Yawney 1982: 140).

Männliche Rastas beziehen sich oft auf weibliche Figuren aus der Bibel, zum Beispiel Eva und Delilah, die mit negativen Charaktereigenschaften assoziiert werden, um zu verdeutlichen, daß Frauen eine Gefahr für Männer darstellen. Nach Chevannes (1994d: 117 ff.) unterscheiden sich die Rastas in dieser Einstellung nicht von der Mehrheit der übrigen männlichen Bevölkerung in Jamaika. Ebenso ist die Auffassung, daß menstruierende Frauen unrein seien und deshalb möglichst jeder Kontakt mit ihnen vermieden werden müsse, keine Erfindung der Rastas, sondern sowohl in Jamaika als auch in Afrika sehr weit verbreitet. Zum Beispiel haben menstruierende Frauen nach einem in der jamaikanischen Landbevölkerung und in großen Teilen Afrikas weit verbreiteten Glauben einen schädlichen Einfluß auf die Ernte. Viele Rastas nehmen keine Mahlzeit an, die von einer menstruierenden Frau gekocht wurde (Yawney 1982: 139; Chevannes 1994d: 122).

Die extremste Form des Menstruationstabus herrscht bei den Bobo Dreads. In deren Kommune müssen sich menstruierende Frauen vom ersten Tag ihrer Periode an für insgesamt 16 bis 20 Tage in ein sogenanntes Menstruationshaus zurückziehen. Während dieser Zeit ist ihnen jeglicher Kontakt mit den übrigen Mitgliedern der Kommune, vor allem mit den Bobo-Männern, untersagt (Chevannes 1994d: 122; Tafari-Ama 1998: 92 f.). Als biblische Begründung für diese Separation der Frauen benutzen die Bobos Levitikus 15,19–31. Zwar wird auch von den Bobo-Männern ein biblisches Reinheitsgebot (Levitikus 15,1–18) beachtet, wonach sie nach einem Samenerguß oder nach einer blutigen Verletzung sieben Tage lang als unrein gelten und nicht an den gemeinschaftlichen religiösen Aktivitäten der Bobos teilnehmen dürfen (Tafari-Ama 1998: 93). Nichtsdestotrotz ist die bis zu drei Wochen im Monat dauernde Separation der Bobo-Frauen als sexistische Maßnahme zu interpretieren, die – wie auch die anderen Maßnahmen zur Marginalisierung von Rasta-Frauen, aber in besonders extremer Form – der Kontrolle weiblicher Sexualität und der Unterordnung der Frauen dient.

Für die meisten Rastas ist Abtreibung Mord und damit eine der schlimmsten Sünden. Viele lehnen auch jede Art von Verhütungsmitteln kategorisch ab. Sie betrachten Maßnahmen zur Geburtenkontrolle nicht nur als Manipulation der Natur durch den Menschen, sondern sehen darin auch eine konspirative Taktik *Babylons*, die darauf abzielt, alle schwarzen Menschen auszurotten (Yawney 1976: 255 f.; Nettleford 1972: 92; Chevannes 1994d: 123). In einem Rasta-Gedicht mit dem Titel »Abortion« heißt es zu diesem Thema:

> Don't make them tie off your tubes
> My sisters
> Don't make them steralise you
> My brothers
> Don't make them turn you into a cemetary my sisters
> Fire for the pill
> Don't be a seedless tree
> That take but do not reproduce
> That accept, but do not give
> Then you are a parasite
>
> (Brother Miguel zit. in Johnson-Hill 1995: 294).

Nach Ansicht der Rastas ist nicht die von *Babylon* behauptete Überbevölkerung das Problem, sondern die ungerechte Verteilung von Ressourcen und Nahrungsmitteln, für die wiederum *Babylon* verantwortlich ist (Yawney 1976: 240). Verhütung gilt für viele (vor allem männliche) Rastas als unnatürlich und damit als unafrikanisch. Diese Einstellung wird jedoch inzwischen von einigen Rasta-Frauen attackiert, die auf ihrem Recht auf sexuelle Selbstbestimmung bestehen. Zum Beispiel verweist Tafari-Ama (1998: 99) darauf, daß natürliche Verhütungsmethoden in Afrika schon seit langer Zeit bekannt sind und Verhütung deshalb keineswegs etwas Unafrikanisches sein könne.

Nach Campbell (1985: 304) befürworten einige Rastas Polygynie, indem sie sich auf afrikanische Traditionen berufen, allerdings ohne die ökonomischen Grundlagen von Polygynie in traditionellen afrikanischen Gesellschaften zu kennen. Nach Rowe (1998: 82–86) wird Polygynie jedoch nur von wenigen Rasta-Frauen akzeptiert, und so war die Zunahme von Polygynie innerhalb der Rastafari-Bewegung der Hauptgrund dafür, daß Anfang der 90er Jahre eine Reihe von zuvor stabilen Rasta-Familien auseinanderbrachen.

**Feministische Rastas**

Ein weiterer Trend ist seit Anfang der 90er Jahre die starke Zunahme weiblicher Singles, die sich zu Rastafari bekennen, während vorher die Mehrheit der Rasta-Frauen durch die Beziehung zu einem Rasta-Mann mit der Bewegung in Kontakt kam. Einige dieser Frauen, die sich unabhängig von männlicher Beeinflussung zu Rastafari bekannt haben, vollziehen eine radikale feministische Neuinterpretation von Rastafari als matriarchale Befreiungsbewegung (Spencer 1998: 381). Sie berufen sich darauf, daß Frauen in der Nyabingi-Bewegung in Ostafrika sowohl im rituellen als auch im politischen Kontext oft führende Positionen einnahmen. Dieser Ansatz, den Turner (1994: 9–55) als »New Rastafari« definiert, hat mit dem orthodoxen Teil der Rastafari-Bewegung kaum noch etwas gemeinsam. Allerdings handelt es sich bei diesen feministischen Rastas zur Zeit noch um eine kleine Minderheit innerhalb der Rastafari-Bewegung insgesamt. Die Artikulation feministischer Positionen innerhalb des Rasta-Diskurses wird nach Rowe (1998: 83 f.) auf zwei Ebenen behindert:

1) durch orthodoxe Rasta-Männer, die auf einer Unterordnung der Frauen beharren, weil sie ihre eigene Macht durch Forderungen nach Gleichberechtigung bedroht sehen;
2) durch die Rücksichtnahme auf die Beziehungen zwischen der Bewegung und der übrigen Gesellschaft (*Babylon*): Kritische Rasta-Frauen vermeiden oft eine Zuspitzung und ein öffentliches Austragen von Konflikten

innerhalb der Bewegung, um nicht dem *Babylon-System* Argumente für die Bekämpfung der Bewegung zu liefern.

Die Rasta-Frau Makeda Silvera (zit. in Brynda 1994: 99) stellt jedoch fest, daß sexistische Unterdrückung innerhalb der Rastafari-Bewegung das größte Hindernis für deren Stabilität und Zusammenhalt ist:

> »For as long as there is misogyny and sexism in the movement, there will continue to be this inner turmoil, and with this inner turmoil, there can be no unity. Where there's oppression and domination, there can be no unity – inequality breeds discontent.«

Und Yawney (1982: 143) betont den fundamentalen Widerspruch zwischen dem Eintreten der Rastafari-Bewegung für eine Befreiung von den Zwängen *Babylons* einerseits und der Unterdrückung bzw. Marginalisierung von Frauen innerhalb der Bewegung andererseits: »Clearly, no liberation struggle will be successful unless the patriarchal imperative is effectively eliminated.«

**Weibliche Perspektiven**

Tafari-Ama (1998: 89) erklärt, warum die Rastafari-Bewegung trotz ihres patriarchalen Charakters auch für Frauen attraktiv sein kann:

> »I-an-I remain committed to Rastafari because it is more than having a relationship with a man; it is about having an identity, seeing the Almighty in oneself and experiencing a fusion with that One. It is about sharing a cosmic consciousness, exploring spirituality, and finding my holistic self-realization, which is at once a creative and a re-creative process. It is the authentication of myself as a black queen, with no apologies to the norms and ideology of Babylon.«

Diese Perspektive, nämlich die eigene Perspektive von Rasta-Frauen, wird von vielen Autoren, die sich mit der Rastafari-Bewegung beschäftigen, völlig ignoriert. Aus der Tatsache, daß der Rastafari-Diskurs insgesamt weitgehend von Männern beherrscht wird und Frauen marginalisiert werden, schließen sie, daß Rasta-Frauen überhaupt keine eigenen Perspektiven entwickeln und ihren Bezug zu Rastafari nur über ihre Männer definieren können. So wird von diesen Autoren ein Klischee der Rasta-Frauen als passive, unmündige Hausmütter konstruiert. So interpretiert Chevannes (1994d: 97–126) *Dreadlocks* als Phallus-Symbol und damit als Ausdruck männlicher Überlegenheit und weiblicher Unterordnung. Er stellt sich selbst die daraus resultierende Frage:

- »What happens when the Dreadlocks is a female? [...] Are her locks also a symbol of the phallus? Yes, I think so« (S. 124).

Seine affirmative Antwort begründet Chevannes folgendermaßen: Da die Rasta-Frau ja akzeptiere, daß sie nur durch ihren *Kingman* zu spiritueller Inspiration gelangen könne, seien ihre *Dreadlocks*, als symbolische Verbindung mit der göttlichen Kraft Selassies, ein Symbol für die Männlichkeit ihres *Kingman*. Die *Dreadlocks* der Rasta-Frau gehören nach dieser These tatsächlich nicht ihr selbst, sondern ihrem *Kingman*!

Es gibt jedoch keine Anhaltspunkte dafür, daß die Behauptung, eine Rasta-Frau könne nur durch ihren Mann zu göttlicher Inspiration kommen, von den Rasta-Frauen selbst tatsächlich so stillschweigend akzeptiert wird, wie Chevannes offenbar annimmt. Chevannes ist nicht dazu in der Lage, persönliche Aussagen von Rasta-Frauen zur Unterstützung seiner These heranzuziehen. Der Zugang zu der Welt der Frauen in der Bewegung scheint ihm bei seinen Untersuchungen weitgehend verschlossen geblieben zu sein. Seine Spekulationen über die Eigendefinitionen von Rasta-Frauen entbehren daher einer gesicherten Grundlage. Statt sich auf konkrete Untersuchungsergebnisse zu berufen, versucht er, ein vorgefertigtes Bild der Rasta-Frauen als passive, unmündige Objekte zu bestätigen. Chevannes wiederholt hier einen Fehler, der aus zahlreichen ethnologischen Arbeiten bekannt ist: Männliche Ethnologen, die keinen Zugang zum weiblichen Bereich der von ihnen untersuchten Gruppe finden, versuchen, allein auf der Grundlage einer Befragung der männlichen Gruppenmitglieder diesen weiblichen Bereich zu definieren. Diese Versuche sagen im allgemeinen mehr über die begrenzte Perspektive des Ethnologen aus als über die Frauen.

Der Diskurs der Rasta-Frauen wird zwar stark vom Diskurs der Rasta-Männer beeinflußt und auch eingeschränkt. Er ist aber keineswegs völlig von diesem abhängig. Vielmehr werden die Positionen von Frauen innerhalb der Bewegung immer wieder neu verhandelt (Tafari-Ama 1998: 95). Das statische Bild von Rasta-Frauen als bloßen Objekten des männlichen Diskurses, das Autoren wie Chevannes konstruieren, entspricht also nicht den tatsächlichen

Verhältnissen. Durch die verstärkte öffentliche Artikulation von Rasta-Frauen seit Anfang der 80er Jahre wird dieses Klischee widerlegt.

Nach Yawney (1994b: 72 f.) müssen sich Rasta-Frauen einerseits gegen die innerhalb der Bewegung vorherrschenden patriarchalen Einstellungen wehren; andererseits ermöglicht Rastafari schwarzen Frauen eine afrozentrische Alternative zum Rassismus und Sexismus *Babylons.* Während das *Babylon-System* durch die Verbreitung seiner eurozentrischen Wertvorstellungen schwarze Frauen dazu bringt, ihre Haare zu glätten und Hautbleichungscrèmes zu benutzen, glorifizieren die Rastas die natürliche Schönheit und Hautfarbe schwarzer Frauen:

Der Titelsong von Sizzlas LP »Black Woman & Child« ist eine Liebeserklärung an die idealisierte, tugendhafte »Mother Africa«.

> I see her, proud,
> proud of her
> blackness,
> proud of her blackman.
> I see her, a black queen,
> the First Queen,
> Queen of queens
>
> (Mutabaruka [1971] in Habekost 1987a: 46).

Das Ideal der Rasta-Frau ist eine Verkörperung von »Mother Africa«. Die Attribute dieses Ideals sind Schönheit, Würde, Stolz, Tugend, Stärke und Zärtlichkeit (Yawney 1982: 132 f.). Die Rastas wenden sich gegen die von ihnen mit dem *Babylon-System* assoziierten Tendenzen, Frauen als bloße Sexobjekte zu sehen bzw. darzustellen, und gegen die zunehmende Kommerzialisierung von Sex (vor allem durch Prostitution, Pornographie und Werbung) (Campbell 1985: 304 f.; Tafari Ama 1998: 91). Die Behandlung von schwarzen Frauen in der Öffentlichkeit als Lustobjekten vergleichen die Rastas mit der Zurschaustellung der Sklavinnen bei Versteigerungen:

> My sister is a beautiful girl
> but she don't want to be Miss World
> [...]
> She won't walk the platform
> to upsex people's lust
> and you can't get the number of her height, age or bust
> she don't want to go to the market
> to be viewed like a slave
> the viewing time is over
> put the judge in the grave
>
> (Benjamin Zephaniah: »Miss World« in Habekost 1987b: 266).

Yawney (1982: 125) verweist darauf, daß die Sicherheit und Gewaltfreiheit in den *Yards* der Rastas die Bewegung für Frauen, die in den ansonsten weitgehend von Gewalt geprägten Slums von Kingston leben, attraktiv macht. Als weiterer Vorteil für Rasta-Frauen gilt, daß Rasta-Familienväter sich in der Regel viel intensiver an der Haushaltsführung und der Kindererziehung beteiligen als andere jamaikanische Männer (Nettleford 1982: x; Chevannes 1994d: 122).

**Hail Queen Omega!**

Rasta-Frauen werden *Sista, Sistrin* oder *Dawta* bzw. *Iyawata* genannt. Während Yawney (1982: 135 f.) den Gebrauch der Bezeichnung *Dawta* (Tochter) als Anrede für erwachsene Frauen als ein Zeichen für deren Unterordnung interpretiert, betrachtet die Rasta-Poetin Farika Birhan (1982: 82 f.) *Dawta* bzw. *Iyawata* als Ehrentitel der Rasta-Frau, als »Zeichen des Respekts für ihre göttliche königliche Würde«. Sie ist deshalb stolz darauf, selbst *Iyawata* genannt zu werden. Nach Birhans Auffassung drückt der Titel *Dawta* aus, daß die Rasta-Frau eine Tochter Selassies ist. Dementsprechend bezeichnen sich die Rastas insgesamt oft auch als *Rastafari Children* bzw. *Children of Selassie-I.* Rasta-Männer werden allerdings nicht mit *Son*, sondern mit *Bredda, Bredrin* oder *Idrin* angeredet.

Als Partnerin eines Rasta-Mannes trägt eine Rasta-Frau den Titel *Queen.* Sie gilt als Stellvertreterin *Queen Omegas*, der weiblichen Gottheit, die durch Kaiserin Menen, Selassies (= *King Alphas*) Frau, personifiziert wurde. Rasta-

Frauen werden daher oft mit *Hail Queen Omega* gegrüßt (Birhan 1982: 88).[121] Der Name *Queen Omega* geht auf Howells »Promised Key« zurück. In diesem Pamphlet steht zwar *King Alpha* im Mittelpunkt, *Queen Omega* ist jedoch stets an seiner Seite. Beide zusammen bilden die göttliche Einheit und verkörpern damit das Kitten des Bruches der Sklaverei. Während Adam und Eva für die Vertreibung aus dem Paradies, das heißt für die Versklavung, stehen und daher mit der weißen Rasse assoziiert werden, werden *King Alpha* und *Queen Omega* als Eltern aller Menschen mit schwarzer Hautfarbe und als »keeper of the tree of life« bezeichnet (Howell [1935] in Spencer 1998: 379). Das afrikanische Königspaar steht also für eine Rückkehr zu den Ursprüngen und verkörpert ein neues schwarzes Selbstbewußtsein bzw. die Wiederauferstehung aller Menschen mit schwarzer Hautfarbe:

Eine der bekanntesten Rasta-Frauen ist die 1990 im Alter von 37 Jahren verstorbene Black-Uhuru-Sängerin Puma Jones.

- »Dear inhabitants of this world King Ras Tafari and Queen Omega are the foundation stones of the resurrection of the Kingdom of Ethiopia« (ibid., S. 371).

*King Alpha* und *Queen Omega* stehen für Anfang (*Alpha*) und Ende (*Omega*) der Welt. Als weiblicher Teil der göttlichen Einheit ist die afrikanische Königin *Queen Omega* ebenso für die Schöpfung verantwortlich wie *King Alpha*:

- »Speaking for the Universe and the womanhood of man Queen Omega the Ethiopian woman is the crown woman of this world. She hands us Her Rule Book from the poles of supreme authority she is the Cannon Mistress of creation« (ibid.).

Die schwarze *Queen Omega* steht bei Howell für Ursprünglichkeit und Reinheit (»perfect virginity«), im Gegensatz zu der weißen Eva, die Falschheit und Verdorbenheit verkörpert (»Eve, the Mother of Evil«). Zwar heißt es im »Promised Key« von *Queen Omega*, daß sie ihrem Mann stets gehorche. Alles in allem steht sie jedoch aufgrund ihrer Göttlichkeit mit *King Alpha* auf einer

Stufe. Dies ist ein Zeichen dafür, daß in den 30er Jahren eine Marginalisierung von Frauen in der Rastafari-Bewegung noch nicht stattgefunden hatte. Erst in den 50er Jahren kam es zu dieser Marginalisierung, vor allem in Zusammenhang mit der Abgrenzung der Rastas von den anderen afrojamaikanischen religiösen Bewegungen, wie Revival, in denen Geistbesessenheit von zentraler Bedeutung ist. Im »Promised Key« wird *Queen Omega* dagegen noch als Leiterin von Revival-Ritualen (»balming mistress«) dargestellt (ibid., S. 371, 379, 382).

## Feuer-Symbolik

Die biblische Feuer-Symbolik ist für die Rastas auf mehreren Ebenen von essentieller Bedeutung:

- Als eines der vier Elemente symbolisiert das Feuer die von den Rastas angestrebte Rückkehr zu den Ursprüngen bzw. zur Natur, die im Gegensatz zu der Erschaffung künstlicher Welten sowie der Verursachung künstlicher Spaltungen und Brüche durch *Babylon* steht.
- Das symbolische Niederbrennen *Babylons* bedeutet eine umfassende moralische, religiöse, soziale, geistige und körperliche Säuberung bzw. eine Befreiung von sämtlichen schädlichen Einflüssen.
- Das »kosmische Feuer« steht für Göttlichkeit und ewiges Leben.
- Das Feuer steht für afrikanischen Widerstand bzw. Widerstand gegen die Sklaverei, denn Feuer war die wichtigste Waffe der Sklaven bei ihren Aufständen:

> Slave driver
> The table is turning
> Catch a fire
> So you can get burned
>
> (Marley 1973: »Slave driver«).

- Das Feuer, mit dem die *Chalice* angezündet wird, ermöglicht den Rastas eine besonders intensive Erfahrung der göttlichen Kraft Haile Selassies.

Die von den etablierten christlichen Kirchen praktizierte Taufe durch das Wasser kann nach der Interpretation der Rastas niemanden vor der Vernichtung im *Amagiddeon* beschützen: Nur diejenigen, die durch das heilige Feuer der *Ganja*-Pfeife »getauft« sind (»baptism by fire«), nämlich die Rastas, können gerettet werden. Durch das Anzünden der Wasserpfeife wird die Wirkung des »Krauts der Weisheit« (Marihuana) freigesetzt, die in einer Körper und Geist reinigenden »inneren Verbrennung« der schädlichen Einflüsse *Babylons* besteht (Yawney 1976:253 f.).

Die Rastas vergleichen sich oft mit Schadrach, Meschach und Abed-Nego,[122] die nach der biblischen Legende von Nebukadnezzar zur Strafe dafür, daß sie sich weigerten, die babylonischen Götzenbilder anzubeten, in einen Feuerofen geworfen wurden und dies allein dank ihres Glaubens an den Gott Israels überlebten (s. Daniel 3,1–97). Da die Rastas durch das Feuer getauft sind, gehen sie davon aus, daß dieses Element ihnen keinen Schaden zufügen kann, sondern nur für Nicht-Rastas eine Bedrohung darstellt. Das ewig brennende kosmische Feuer gibt den Rastas Zuversicht in ihrem alltäglichen Kampf mit *Babylon*:

And no matter what game they play
We've got something they can never take away
[...]
And it's the fire
It's the fire
That's burning down everything
[...]
Jah say this judgement could-a-never be with water
No water can put out this fire

(Marley 1979: »Ride Natty Ride«).

Bei den *Nyabinghi*-Veranstaltungen werden meterhohe Feuer entfacht, und ein *Fireman* sorgt dafür, daß diese nicht kleiner werden. In ihren *Nyabinghi-Chants* beschwören die Rastas immer wieder die Naturgewalten, vor allem Erdbeben, Blitz und Donner (»earthquake, lightning and thunder«) und das kosmische Feuer (»cosmic fire«), das *Babylon* im *Amagiddeon* verbrennen soll (Zips 1994a: 29). Bereits in Howells »Promised Key« werden die Naturgewalten als Ausdruck der göttlichen Kraft *King Alphas* dargestellt:

- »The air that you are breathing this minute is for King Ras Tafari [...] the brimstone and fire, volcanos is his; every thunder and lightning is his« (Howell [1935] in Spencer 1998: 382).

Das symbolische Niederbrennen *Babylons* (»burning down Babylon«) ist das zentrale Anliegen der Rastas bei den *Nyabinghi*-Zusammenkünften. Das *Wort* betrachten die Rastas dabei als ihre wichtigste Waffe. Es gilt bei den Rastas als menschlicher Ausdruck der Kraft des kosmischen Feuers (Yawney 1994a: 47). Ebenso wie im Wirken der Naturgewalten glauben die Rastas in der Kraft des menschlichen Wortes die göttliche Kraft Haile Selassies zu erkennen. Sie sprechen daher oft in einem Atemzug von *Word, Sound and Power* und *Earthquake, Lightning and Thunder* bzw. *Brimstone and Fire* (Owens 1982: 179). *Blood and Fire* ist eine weitere häufig von den Rastas verwendete Formel: Damit soll ausgedrückt werden, daß das Blut der Unterdrücker (»downpressors«) fließen muß, wenn Selassie sie mit seinem kosmischen Feuer verbrennt:

Blood, blood, blood
Blood and fire
[...]
There is no more water
To out your fire
[...]
Let it burn
Let it burn
Let it burn, burn, burn

Judgement has come
And mercy has gone
All weakheart
Shall leak out and split up

(Niney the Observer 1979 [1971]: »Blood and Fire«).

Rastas sprechen oft ein moralisches Urteil (»judgement«) über exponierte Vertreter *Babylons*, das heißt Vertreter von kirchlicher, staatlicher und wirtschaftlicher Macht, und »verbrennen« diese mit Worten.[123] Es gibt zum Beispiel Berichte von Gerichtsverhandlungen, in denen Richter und Polizisten so von angeklagten Rastas mit Worten verbrannt wurden (Dijk 1993: 123). Einige Rastas versprühen verbale Blitze und verbales Feuer, wenn sie an Kirchen oder Polizeistationen vorbeikommen (Homiak 1994a: 155). Der Papst ist ein besonders beliebtes Ziel für die symbolische Zerstörungskraft des kosmischen Feuers der Rastas, zum Beispiel in Anthony B.'s Lied »Fire 'pon Rome«.[124] Außerdem werden auf Rasta-Veranstaltungen manchmal Bilder eines weißen Jesus verbrannt (s.z.B. Rollhäuser 2000). In den Texten des Consciousness-Reggae ist die Feuer-Symbolik allgegenwärtig, besonders in den Liedern von Capleton, der sich dadurch den Beinamen »Fireman« erworben hat (Köhlings, Lilly 2000).

Das verbale Verbrennen einzelner prominenter Figuren oder bestimmter Gruppen bzw. Organisationen, die mit *Babylon* assoziiert werden, darf auf keinen Fall mit dem Aufruf zu konkreten Attentaten verwechselt werden, sondern ist als aggressiver symbolischer Ausdruck moralischer und sozialer Kritik zu interpretieren. In einem Interview drückt Sizzla (zit. in Köhlings, Lilly 2002: 29) das folgendermaßen aus:

> »*Judgement* bedeutet nicht, Menschen zu töten. *Judgement* bedeutet, Menschen zu korrigieren oder sie zu erziehen. Es bedeutet nicht, Dinge zu zerstören. Es steht für Aufrichtigkeit. [...] Ich verurteile das Böse, Korruption, Sodom, Heidentum, all diese Dinge. Wenn ich sie verbrenne, verurteile ich sie.«

Allerdings richten sich die symbolischen Verbrennungen der Rastas nicht nur gegen mächtige Vertreter von Kirche und Staat, sondern auch gegen Homosexuelle und damit gegen eine Minderheit, die in Jamaika besonders starker Diskriminierung ausgesetzt ist. Homosexualität gilt für sehr viele Rastas als eine der schlimmsten Sünden (Kitzinger 1966: 35; Yawney 1982: 117). Einige Interpreten des Consciousness-Reggae (zum Beispiel Sizzla, Capleton) beschimpfen und verdammen (vor allem männliche) Homosexuelle in den Texten ihrer Lieder als Stellvertreter von *Sodom und Gomorra* (Köhlings, Lilly 2000; Rollhäuser 2000). Homosexuelle werden von den Rastas in Jamaika nicht als diskriminierte Minderheit, sondern als ein Teil *Babylons* wahrgenommen. Homosexualität wird von ihnen mit Sextourismus und westlicher Dekadenz assoziiert. Sie gilt als eine Erfindung *Babylons*, also als etwas, was zur Zeit der *Ancient days* nicht existierte; deshalb halten die Rastas Homosexualität für unnatürlich und unafrikanisch. Die Behauptung, daß Homosexualität eine Erfindung der Europäer sei und im »alten Afrika« nicht existiert habe, wird auch in Afrika sehr oft benutzt, um die Tabuisierung von Homosexualität zu rechtfertigen (wie zum Beispiel in Mugabes Wahlkampfkampagne in Simbabwe).

Nach Kitzinger (1966: 35) dient den Rastas die Tabuisierung von Homosexualität zur Betonung ihrer eigenen Heterosexualität, die von Teilen der übrigen jamaikanischen Gesellschaft in Frage gestellt wird. Während die Rastas ansonsten versuchen, sich von *Babylon* zu distanzieren und zu befreien, stimmen sie beim Thema Homosexualität mit den in der jamaikanischen Gesellschaft vorherrschenden sexistischen Vorurteilen völlig überein. Außerhalb von Jamaika gibt es jedoch vereinzelt Rastas, die sich zu ihrer Homosexualität bekennen. So dekonstruiert zum Beispiel die in England lebende Poetin Carmen Tunde (zit. in Turner 1994: 51) in ihrem Gedicht »Dreadlocks Lesbian« die sexistischen Auffassungen orthodoxer Rastas in Bezug auf Frauen und Homosexualität:

Dreadlocks lesbian
is a powerful woman
because she listen to reason
no matter where it come from
and she no need
to preach 'pon you
Yet she will teach dreadlocks man
a thing or two
coz him still a fight
and show off
like cockatoo
But she know sistalove
from time
And peace is not a sign
of weakness
I tell you
dreadlocks lesbian
is one powerful woman.

## Black Supremacy

Wie wir gesehen haben, dekonstruiert der Rastafari-Diskurs den eurozentrisch-rassistischen Diskurs und kehrt das von diesem geschaffene Schwarz-Weiß-Schema um. Die mit Afrika bzw. *Zion* assoziierte (Haut-) Farbe Schwarz steht bei den Rastas für positive, das mit Europa bzw. *Babylon* assoziierte Weiß dagegen für negative Werte. Da sie also Hautfarben mit bestimmten

Haile Selassie als Symbol für Black Supremacy

Werten verbinden, wird den Rastas oft von ihren Gegnern vorgeworfen, sie seien selbst rassistisch.

Der Ausdruck *Black Supremacy* taucht bereits in Howells »Promised Key« auf. Er steht für eine durch die Krönung Ras Tafaris eingeläutete neue Ära schwarzer Vorherrschaft, die die jahrhundertelange Ära von *White Supremacy*, das heißt die Unterdrückung der Schwarzen durch die Weißen, beendet. Howell beschreibt, wie der Repräsentant der englischen Krone Selassie ein Zepter überreicht, das angeblich seinem Besitzer die Herrschaft über die Welt garantiert. Howell propagiert in seinem Pamphlet strikte Rassentrennung und Rassenhaß: »Black must not marry white nor white black, race enmity« (Howell [1935] in Spencer 1998: 364, 376).

»Mulatten« sind für Howell das Ergebnis der Vergewaltigung schwarzer Frauen durch die weißen Sklavenhalter. Diese Sichtweise wurde auch von Marcus Garvey als Begründung für die Forderung nach einer strikten Rassentrennung benutzt. Als ehemaliges UNIA-Mitglied war Howell stark von Garveys Lehren beeinflußt. Howell identifiziert Adam und Eva mit der weißen Rasse. Er stellt sie als Leprakranke dar und schreibt ihnen ausschließlich negative Eigenschaften zu. Adam und Eva sind im »Promised Key« der negative Kontrast zu dem göttlichen afrikanischen Königspaar, *King Alpha* und *Queen Omega* (ibid., S. 379–380). Der »Promised Key« ist auch als Reaktion auf weiße rassistische Propaganda zu interpretieren. Diejenigen weißen Rassisten, die sich auf die Bibel beriefen, behaupteten, Menschen mit schwarzer Hautfarbe würden nicht zu Adams Familie, das heißt zu den »nach Gottes Ebenbild geschaffenen« Menschen, gehören, sondern sie seien eine eigene Spezies, die den Tieren näherstehe als den Menschen.

Diese Identifizierung von Adam und Eva mit der weißen Rasse übernimmt Howell vom weißen rassistischen Diskurs, aber er dreht die Wertung um: Die Weißen sind bei Howell nicht mehr Gottes Ebenbild, sondern eine

Abweichung von der göttlichen Natur. Sie werden als Leprakranke dargestellt, die ihre von Gott geschaffene schwarze Haut abgestreift und so ihre Beziehung zu Gott verloren haben. Wie im eurozentrisch-rassistischen Diskurs werden die schwarze und die weiße Rasse auch von Howell als verschiedene »Familien« dargestellt:

- »King Alpha and Queen Omega said that they are our parents, and the keeper of the Tree of Life. He and his wife are not any family at all to Adam and Eve and Abraham and Isaac and the Anglo Saxon Slave Owners« (ibid., S. 379).

Wenn also in Howells Pamphlet von *Black Supremacy* und Rassenhaß die Rede ist, so ist zu bedenken, daß es sich dabei vor allem um eine Dekonstruktion des eurozentrisch-rassistischen Diskurses handelt. Howell war ebenso wie Garvey durch seinen USA-Aufenthalt in den 20er Jahren hinsichtlich der Rassenfrage radikalisiert. In den USA kam es Anfang der 20er Jahre zu einer drastischen Zunahme von rassistischer Gewalt und Lynchmorden, deren Opfer Menschen mit schwarzer Hautfarbe waren. Genau wie Garvey ging es auch Howell keineswegs darum, nun zu blinder physischer Gewalt gegen die Weißen aufzurufen. Vielmehr beabsichtigte er die Schaffung eines neuen schwarzen Selbstbewußtseins in einem vom weißen Rassismus geprägten Kontext. Dabei steht die Wiederherstellung der durch die Versklavung von den Weißen geraubten Würde der Schwarzen im Mittelpunkt:

- »We have given our blood, souls, bodies and spirits to redeem Adam Abraham Anglo Saxon the white man from his dreadful downfall and leprosy [...] We have given him access to the tree of life, we gave him the Garden of Eden, we gave him Egypt, we gave them Daniel and the body of the Black Virgin, the mother of Jesus and they took Joseph also. We gave ourselves to be slaves for hundreds of years. We gave up King Alpha and Queen Omega the first and the last« (ibid., S. 381).

Ein ehemaliger Anhänger Howells erklärte in einem Interview in den 80er Jahren, mit dem Konflikt zwischen *Black Supremacy* und *White Supremacy*, von dem Howell sprach, sei nicht ein Kampf der Rassen gegeneinander gemeint, sondern der Kampf zwischen Gott und dem Satan bzw. zwischen positiven und negativen Kräften (Bishton 1986: 114).

Frühe, oberflächliche Untersuchungen über die Rastafari-Bewegung definierten Rassenhaß als wichtigsten Aspekt des Rasta-Diskurses. So spricht zum Beispiel Simpson (1957: 511–513) davon, daß eines der wichtigsten Ziele der Rastas sei, sich an den Weißen zu rächen, und er hält es für wahrscheinlich, daß die verbale Aggressivität der Rastas auch zu physischer Gewalt führen werde. Von den sechs seiner Meinung nach wichtigsten »Rasta-Themen«, die er präsentiert, handeln drei vom angeblichen Haß der Rastas auf die Weißen.[125] Campbell (1985: 159) kommentiert Simpsons Darstellung folgendermaßen:

»In my own research and contact with Rastas over thirty years, I have never come into contact with any section of Rastafari ideas which speaks of revenge upon whites.«

Auch Owens (1982: 57 ff.) kritisiert Simpsons Fixierung auf den Aspekt »Rasse«. Er meint, daß rassistische Doktrinen bzw. Rassenhaß keineswegs eine Grundlage der Rasta-Ideen seien, wie es Simpson darstellt. Mit *Black Supremacy* meinen die Rastas nach Owens keine Unterdrückung der Weißen, denn trotz verbaler Aggressivität predigen die Rastas nicht Haß, sondern Liebe. Vielmehr bezieht sich die *Black Supremacy*-Konzeption auf die Befreiung der Schwarzen nach jahrhundertelanger Unterdrückung und Diskriminierung. Der Rasta Sam Brown (zit. in Barrett 1977: 148 f.) drückt dies folgendermaßen aus:

»Many deplore and accuse the Black people of raising the colour question in this island. But White supremacy was the official policy of this island for hundreds of years and white supremacists never regarded Black men as good as the dogs in their yards. [...] ›Underprivileged‹ is only another name in Jamaica for poor Black people. [...] The existence of underprivileged man in Jamaica is a product of white and brown man supremacy. The Rastafarian Movement has as its chief aim the complete destruction of all vestiges of white supremacy in Jamaica, thereby putting an end to economic exploitation and the social degradation of Black people.«

Nach Owens (1982: 9 ff.) werden Fremde in den Straßen der Slums von Kingston ebenso wie erstmalige Teilnehmer eines *Reasonings* von den Rastas oft mit Worten scharf attackiert. Diese verbale Provokation benutzen die Rastas als Test, um an der Reaktion ihrer »Opfer« zu erkennen, ob die Fremden »Agenten Babylons« sind. Auf der visuellen Ebene dient das Aufsetzen eines

»Screwface«, das heißt das Schneiden möglichst düsterer, furchterregender Fratzen, demselben Zweck. Handelt es sich bei den Fremden um Weiße, können die Beschimpfungen der Rastas leicht als willkürliche rassistische Beleidigungen fehlinterpretiert werden. Im Verlauf dieses rituellen Dramas werden die Fremden aufgrund ihrer Hautfarbe zunächst mit den weißen Sklavenhaltern identifiziert, und es werden ihnen entsprechende Vorwürfe bezüglich ihrer historischen Verantwortung gemacht (s. auch Rollhäuser 2000).

Owens macht jedoch darauf aufmerksam, daß auch jeder Weiße nach dieser anfänglichen verbalen Konfrontation die Möglichkeit habe, von den Rastas akzeptiert zu werden. Voraussetzung dafür sei, daß er sich nicht gleich abschrecken lasse, daß er sich viel Zeit für intensive Gespräche mit den Rastas nehme und daß er sich dabei nicht als Vertreter *Babylons* entpuppe. Wenn Weiße also bei ihrem ersten Zusammentreffen mit Rastas beschimpft werden, geschieht dies in erster Linie nicht wegen ihrer Hautfarbe, sondern weil sie potentielle Vertreter *Babylons* sind, das heißt eventuell sogar Spione im Auftrag der jamaikanischen Regierung oder der CIA. Letztendlich ist für die Rastas nach Owens nicht die tatsächliche Hautfarbe eines Menschen ausschlaggebend, sondern die Frage, ob er *Zion* oder *Babylon* repräsentiert. Auch Autoren mit schwarzer Hautfarbe berichten davon, daß sie bei ihren ersten *Reasoning-Sessions* der ritualisierten Feindseligkeit der Rastas ausgesetzt waren und als Repräsentanten *Babylons* beschimpft wurden (s. z. B. Chevannes 1994e: 208–230). Ebenso wie viele Menschen mit schwarzer Hautfarbe für *Babylon* arbeiten, können Menschen mit weißer Hautfarbe sich zu *Zion* bekennen. Owens (1982: 12) betont, daß keine der zahlreichen Rasta-Gruppen, die er während seiner Studien in Kingston besuchte, ihn aufgrund seiner weißen Hautfarbe in irgendeiner Form diskriminiert habe. Allerdings gibt es einige Rastafari-Organisationen, die sich weigern, weiße Rastas aufzunehmen.

Zwar bezeichnen die Rastas schwarze Menschen als die von *Jah* auserwählte Rasse. Sie sprechen aber auch davon, daß im *Amagiddeon* nur ein kleiner Teil dieser schwarzen Rasse gerettet wird und daß außerdem jeweils ein kleiner »Rest« (»remnant«) von jeder anderen Rasse bzw. Nation den Weltuntergang überlebt. Diejenigen Menschen mit schwarzer Hautfarbe, die sich nicht zu *Zion* bzw. zu Selassie bekennen und deshalb nach der Interpretation der Rastas den *Amagiddeon* nicht überleben, werden von den Rastas als »careless Ethiopians« bezeichnet (Owens 1982: 28; Yawney 1976: 231; Chevannes 1994e: 215).

Auch wenn die Rastas sagen, daß die weiße Elite mit Hilfe der braunen Mittelklasse die schwarze Bevölkerungsmehrheit in Jamaika unterdrückt, spielt für sie die Hautfarbe bzw. die Schattierung der Hautfarbe im konkreten Einzelfall keine entscheidende Rolle. Weder »weiße« noch »braune« Rastas noch Rastas mit chinesischen oder indischen Vorfahren werden in Jamaika von »schwarzen« Rastas wegen ihrer Hautfarbe diskriminiert. Die Rastas meinen, im Grunde habe jeder Mensch die Möglichkeit, ein Rasta zu werden. Nur wenige würden allerdings die göttliche Kraft Haile Selassies erkennen, die in ihrem Herzen sei. Einen wahren Rasta erkennt man demnach weder an der Frisur noch an der Hautfarbe, sondern an der »Reinheit des Herzens« (Owens 1982: 28–29).

Die Rastas propagieren keinen aggressiven Rassismus, sondern sie bekennen sich zu einem schwarzen Bewußtsein, um den ihrer Ansicht nach tief in der jamaikanischen Gesellschaft verwurzelten weißen Rassismus zu bekämpfen. Das Ziel der Rastas ist nicht die Unterdrückung der weißen Rasse, sondern die Abschaffung jeglicher Form von Rassismus. Der Black-Power-Aktivist Walter Rodney, der Ende der 60er Jahre mit Rastas in Kingston zusammenarbeitete, bezeichnet den Rassismusvorwurf als wichtiges Mittel zur Bekämpfung schwarzer Befreiungsbewegungen:

> »Whenever an oppressed black man shouts for equality he is called a racist. This was said of Marcus Garvey in his day. Imagine that! We are so inferior that if we demand equality of opportunity and power that is outrageously racist« (Rodney 1969: 24).

Rodney stellt fest, daß Hautfarbe an sich unbedeutend sei, daß aber durch die jahrhundertelange rassistische Unterdrückung Tatsachen geschaffen worden seien, die es den Menschen in der afrikanischen Diaspora unmöglich machen, »farbenblind« zu sein. Er verweist darauf, daß Rassismus immer noch ein entscheidender Faktor sei, wenn es um die Verteilung von Macht gehe:

> »The definition which is most widely used the world over is that once you are not obviously white then you are black, and are excluded from power – power is kept pure milky white« (ibid. S. 16).

Solange es rassistische Unterdrückung und Diskriminierung gibt, haben die Rastas also einen Grund dafür, daß die Farben Schwarz und Weiß nicht aus ihrem *Zion-Babylon*-Schema verschwinden, sie haben also einen Grund, für schwarze Selbstbestimmung zu kämpfen und weiterhin ein positives schwarzes Selbstbewußtsein zu propagieren. Dabei berufen sie sich auf folgende Passage aus einer Rede Haile Selassies, die von Bob Marley als Liedtext benutzt wurde:

**Bob Marley & The Wailers: »Rastaman Vibration«, 1976**

Until the philosophy
Which holds one race superior
And another inferior
Is finally and permanently
Discredited and abandoned
Everywhere is war
Me say war

That until there are no longer
First class and second class citizens
Of any nation
Until the colour of a man's skin
Is of no more significance
Than the colour of his eyes
Me say war

That until the basic human rights
Are equally guaranteed to all
Without regard to race
There is war

That until that day
The dream of lasting peace
World citizenship
And the rule of international
morality
Will remain but a fleeting illusion
To be pursued
But never attained
Now everywhere is war

(Marley 1976: »War«).

Vor allem in den USA, in Kanada und in England sowie in vielen anderen europäischen Ländern bekennen sich seit den 70er Jahren auch einige Weiße zu Rastafari. Allein dies zeigt, daß die Rastafari-Bewegung insgesamt auf keinen Fall rassistisch ist.[126] Es gibt jedoch sowohl in Jamaika als auch in anderen Ländern einige Rastafari-Gruppen und -Organisationen, die – in der Tradition Marcus Garveys – einen strikten Separatismus befürworten, der von Außenstehenden oft als rassistisch interpretiert wird. Zum Beispiel werden die liberalen Twelve Tribes of Israel von solchen orthodoxen Rasta-Gruppen dafür kritisiert, daß sie auch Mitglieder mit weißer Hautfarbe aufnehmen.

Jah Bones (1987: 47) vertritt in dieser Streitfrage die Auffassung, die Rastas sollten zunächst einmal ein »eigenes Haus« für ihre (schwarze) »Familie« fertigbauen, bevor sie sich dazu bereit erklären, (weiße) »Mieter« aufzunehmen! Die jahrhundertelange rassistische Unterdrückung macht es nach Bones notwendig, daß Menschen mit schwarzer Hautfarbe einen eigenen, von der weißen Gesellschaft – auch von deren liberalem Teil – strikt abgetrennten kulturellen Bereich aufbauen. In den Auseinandersetzungen zwischen orthodoxen und liberalen Rasta-Organisationen bezüglich der Aufnahme weißer Mitglieder spiegelt sich der alte Konflikt zwischen einer radikalen Separations- und einer reformorientierten Integrationspolitik wider. Dieser Konflikt wurde in den USA zu Beginn der 20er Jahre in erbitterter Form zwischen Marcus Garvey (UNIA) und W. E. DuBois (NAACP)[127] ausgetragen, und er findet auch in der aktuellen Afrozentrismus-Debatte als verbale Auseinandersetzung zwischen Molefi Kete Asante und Anthony Kwame Appiah statt.

Es muß betont werden, daß der Separatismus, den einige Rastas propagieren, nicht auf eine Diskriminierung oder Unterdrückung von Weißen abzielt und daher auf keinen Fall als Rassismus zu bezeichnen ist. In allen mir bekannten Quellen über die Rastafari-Bewegung ist nicht ein einziger Fall von rassistisch motivierter physischer Gewalt von Seiten der Rastas dokumentiert. Allerdings können bestimmte Rasta-Konzeptionen, wenn sie nicht symbolisch interpretiert, sondern wörtlich genommen werden, als rassistisch mißverstanden werden, etwa wenn die Rastas die Rückkehr aller Rassen bzw. Nationen auf ihren Heimatkontinent bzw. in ihr Heimatland fordern. Wenn es zum Beispiel in einer aktuellen *Repatriation*-Hymne (Bushman 2001: »Yadd Away Home«) nicht nur »Africa for Africans« heißt, sondern unter anderem auch »Europe for Europeans« und »Italy for Italians«, so stimmen diese Slogans – nimmt man sie aus dem symbolischen Rasta-Kontext heraus – sogar mit den Forderungen weißer europäischer Rassisten überein, die die Immigration aus den Entwicklungsländern nach Europa verhindern bzw. rückgängig machen wollen![128]

# teil 5:
# die rastafari-bewegung in afrika

Alpha Blondy wurde in den 80er Jahren der erste afrikanische Reggae-Star.

Seit Mitte der 70er Jahre ist Reggae-Musik in ganz Afrika sehr populär. Die bekanntesten afrikanischen Reggae-Sänger sind Alpha Blondy aus der Elfenbeinküste und Lucky Dube aus Südafrika. Mit dem Reggae gelangten auch die Rastafari-Ideen auf den Mutterkontinent der Rastas. Nach Savishinsky (1993: 25 ff.) ist Reggae das wichtigste Medium für die Verbreitung von Rastafari-Inhalten in Afrika. Die afrikanischen Länder, in denen es die meisten Rastas gibt, sind Ghana, Nigeria, Südafrika, Simbabwe, Äthiopien und Gambia. Alles in allem gibt es in den anglophonen Ländern in Afrika wesentlich mehr Rastas als in den frankophonen (ibid., S. 71, 213).[129] Die ausschlaggebenden Gründe dafür sind:

- Englisch bzw. das auf dem Englischen basierende Jamaikanisch (*Patwa*) ist die Sprache der jamaikanischen Reggae-Musik.
- Rastas, die von Jamaika nach Afrika emigrieren bzw. »zurückkehren«, gehen in der Regel entweder nach Äthiopien oder in ein anglophones Land. Bereits die *Mission to Africa*, die erste (dokumentierte) Afrika-Reise von Rastas aus Jamaika, führte außer nach Äthiopien nur in anglophone Länder (Ghana, Nigeria, Liberia und Sierra Leone).
- Afrikanische MigrantInnen aus anglophonen Ländern, die bevorzugt nach England, in die USA oder nach Kanada emigrieren, kommen eher mit ausgewanderten jamaikanischen Rastas in Kontakt als afrikanische MigrantInnen aus frankophonen Ländern.

Inzwischen gibt es in vielen afrikanischen Ländern Rastas. In welchem Maße sich die Bewegung in Afrika verbreitet hat, ist jedoch ungeklärt. Zwar wird von mehreren Autoren erwähnt, daß Rastas in verschiedenen afrikanischen Ländern existieren. Abgesehen von den Berichten über die Rasta-Kommune in Shashemene präsentiert jedoch Savishinsky die einzige Studie, die sich konkret mit Rastas in Afrika befaßt: Ende der 80er Jahre interviewte er Rastas in Ghana, in Gambia und im Senegal. Da mir ansonsten praktisch keine

Quellen über Rastas in Afrika vorliegen und ich auch bei meinen eigenen Afrika-Aufenthalten (in Marokko 1992 und in Mali 1996) keine »richtigen« Rastas traf, möchte ich die Ergebnisse dieser Studie kurz zusammenfassen. Zuvor möchte ich mich aber der Rasta-Kommune in Shashemene widmen, deren Entwicklung vergleichsweise gut dokumentiert ist.

## Rastas in Äthiopien

Die Rastafari-Kommune in der Nähe der äthiopischen Stadt Shashemene, ca. 200 km südlich von Addis Abeba, ist das bekannteste Beispiel für die Verwirklichung physischer *Repatriation.* Bereits seit 1952 wurden dort Menschen aus der afrikanischen Diaspora (vor allem Handwerker) auf einem 200 Hektar großen Stück Land angesiedelt, das Haile Selassie zur Verfügung gestellt hatte. Die ersten Siedler waren James und Helen Piper, die 1948 von den USA nach Äthiopien ausgewandert waren. Die Siedler in Shashemene wurden vom äthiopischen Kaiser unterstützt: Ihnen wurden Traktoren und andere landwirtschaftliche Geräte zur Verfügung gestellt, und sie konnten ihre Erzeugnisse an den kaiserlichen Hof verkaufen (Campbell 1985: 338 f.). In der zweiten Hälfte der 60er Jahre kamen die ersten Rasta-Siedler mit Unterstützung der Ethiopian World Federation (EWF) nach Shashemene. Anfang der 70er Jahre lebten 40 bis 50 Personen in der Shashemene-Siedlung. Aus dieser Zeit wird berichtet, daß es zwischen den Siedlern Konflikte wegen der das Land und die Ausrüstung betreffenden Nutzungsrechte gab (ibid., S. 343 ff.).

1975 wurde das Land der EWF in Shashemene von den neuen marxistischen Machthabern enteignet und die Ausrüstung der Siedler beschlagnahmt. Einige der Rastas verließen daraufhin Äthiopien, andere verhandelten mit der neuen Regierung und erreichten, daß ihnen ein 44 Hektar großer Teil des Landes zurückgegeben wurde. Die Rastas, die in Shashemene blieben, und diejenigen, die in den folgenden Jahren dort neu eintrafen,[130] setzten ihre Verehrung Haile Selassies fort, und sie schickten Nachrichten an Rastas in Jamaika, in denen es hieß, der äthiopische Monarch sei gar nicht gestorben. Campbell verweist auf die Gefahr, daß das Verhalten der Rastas von progressiven Kräften in Äthiopien als reaktionäre Provokation interpretiert werden kann. Seiner Ansicht nach war die Verehrung Haile Selassies in Jamaika zunächst revolutionär, da sie sich gegen die koloniale Ordnung richtete. Im äthiopischen politischen Kontext betrachtet er die Verehrung des Kaisers jedoch als reaktionär, denn durch das von Selassie unterstützte feudale System sei die äthiopische Bevölkerung ausgebeutet worden. Daher hält er es für einen Fehler, wenn die Rastas in Shashemene mit der Verehrung Haile Selassies fortfahren: »Rastas cannot be against Babylon in the West and support reaction in Africa« (ibid., S. 345–351).

1991 lebten ca. 200 Rastas in Shashemene (Dijk 1993: 262). Güldner (2002: 47) schätzt ihre aktuelle Anzahl auf 200 bis 400. Die Berichte über das Leben der Rasta-Siedler in Shashemene sprechen vor allem von den schwierigen materiellen Bedingungen, von Streitigkeiten zwischen den Siedlern und ihrer relativ isolierten Stellung innerhalb der sie umgebenden äthiopischen Gesellschaft. Obwohl er mehrere Monate in Shashemene verbrachte, um die Rasta-Kommune zu untersuchen, schreibt Lewis (1993: 105–114) kaum etwas über seine Gespräche mit den Rastas selbst. Die Informationen, die er präsentiert, stammen fast ausschließlich von ÄthiopierInnen aus der Nachbarschaft der Rasta-Kommune. Die von Lewis interviewten Personen behaupten unter anderem, die Rastas würden Tierknochen aus Schlachthäusern einsammeln und damit böse Rituale veranstalten. Hierbei handelt es sich offensichtlich um den Versuch von einigen den Rastas gegenüber feindlich eingestellten Personen, sie als Schadenszauberer zu diffamieren und so zu ihrer gesellschaftlichen Marginalisierung beizutragen. Von Lewis werden diese Gerüchte jedoch anscheinend für bare Münze genommen. Unverständlicherweise schenkt er solch diskriminierenden Aussagen mehr Beachtung als dem, was die Rastas selbst zu sagen haben. Der Grund dafür ist wohl, daß er von den Rastas trotz mehrmonatiger Versuche praktisch keine Informationen erhielt. Lewis selbst sagt, die Rastas hätten sich ihm gegenüber ablehnend verhalten, da er bei der katholischen Mission gewohnt habe. So ist das einzige Ergebnis von Lewis' Untersuchungen, daß die Rastas in der sie umgebenden Gesellschaft als *Fremde* leben. Hierbei stellt sich jedoch die Frage, wieweit Lewis' eigene Fremdheit gegenüber den Rastas seine Untersuchungen beeinflußte. Alles in allem muß man leider feststellen, daß der Informationsgehalt von Lewis' Kapitel über Shashemene sehr dürftig ist.

Bishton scheint bei seinem Aufenthalt in Shashemene weniger persönliche Kommunikationsprobleme gehabt zu haben. Auf jeden Fall muß er in seinem Bericht nicht auf die Aussagen Dritter zurückgreifen. Unter anderem interviewte er einen der ersten Rasta-Siedler in Shashemene, Noel Dyer, der Mitte der 60er Jahre von London aus auf dem Landweg (über Frankreich, Spanien, Marokko, Algerien, Tunesien, Libyen, Ägypten und den Sudan) per Anhalter nach Äthiopien gelangte. Auch Dyer und die übrigen von Bishton interviewten Rastas berichten vor allem von materiellen Problemen und von Konflikten der Siedler, sowohl untereinander als auch mit der äthiopischen Bevölkerung (Bishton 1986: 21–41).

Güldner (2002: 46–51) betont, daß die Rasta-Kommune in Shashemene quasi eine Zwei-Klassen-Gesellschaft ist: Nur die Mitglieder der Twelve Tribes of Israel sind durch regelmäßige Überweisungen aus dem Ausland finanziell abgesichert, während die anderen Rastas »sich ihren Unterhalt förmlich aus der Erde herausgekratzt haben«. Trotz der materiellen Unterschiede existiert laut Güldner ein starkes Zusammengehörigkeitsgefühl in der Rasta-Gemeinschaft in Shashemene:

> »Community-Mitglieder helfen sich bei größeren Bauvorhaben gegenseitig aus, bestatten ihre Toten miteinander, treten gemeinsam gegenüber äthiopischen Offiziellen auf, die ihnen oft mit leicht amüsierter Verständnislosigkeit begegnen, Rastafarians gemeinhin auch als Ausländer betrachten (was sie, technisch gesehen, durchaus sind. Alle, mit denen ich sprach, halten – z.T. schon seit Jahrzehnten – an ihren jamaikanischen, britischen oder amerikanischen Pässen fest!)« (ibid., S. 50).

Allerdings gibt es in Shashemene – genau wie in Jamaika – klare Unterschiede zwischen den einzelnen Rasta-Organisationen hinsichtlich der Rituale und der Lebensweise ihrer Mitglieder. So müssen zum Beispiel die Bobos, die seit Anfang der 90er Jahre nach Shashemene kamen, auch hier strengere rituelle Vorschriften befolgen als die übrigen Rastas; und diejenigen Rastas, die dem House of Nyabinghi angehören, vertreten – wie auch in Jamaika – radikalere Ansichten als die gemäßigten Twelve-Tribes-Mitglieder. Güldner berichtet außerdem, daß die Shashemene-Rastas gegenüber Journalisten äußerst mißtrauisch seien, da sie falsche, negative Darstellungen in den Medien befürchteten. Trotzdem gelang es Güldner selbst, mit den Rastas ins Gespräch zu kommen. Unter anderem interviewte er den Twelve-Tribes-Rasta Donald »Flippings« Leach, der ihm von Bob Marleys Äthiopien-Besuch im Jahr 1978 erzählte, und er durfte auch an einer *Nyabinghi*-Veranstaltung teilnehmen. Alles in allem wird deutlich, daß die Rastas von Shashemene zwar in Afrika, aber keineswegs im Paradies angekommen sind. So sprechen sie, obwohl sie sich bereits in Afrika befinden, immer noch vom bevorstehenden *Amagiddeon* bzw. Untergang *Babylons* (Lewis 1993: 110).

## Rastas in Ghana

Ein sehr großer Teil der versklavten AfrikanerInnen, die nach Jamaika kamen, stammte aus dem Gebiet des heutigen Ghana. Und Ghana ist auch – abgesehen von Äthiopien, dem »heiligen Land« der Rastas – dasjenige afrikanische Land, das am häufigsten mit der Rastafari-Bewegung in Verbindung gebracht wird. Schon auf dem Titelblatt von Leonard Howells 1935 veröffentlichtem Pamphlet »The Promised Key« wird Accra als Erscheinungsort angegeben. Außerdem sollen die Rastas, die 1961 an der *Mission to Africa* teilnahmen, in Ghana zwei jamaikanische Rastas getroffen haben, die bereits seit acht Jahren dort lebten (Dijk 1993: 155).

### Ethiopian World Federation

Der jamaikanische Rasta Wolde Mykal kam 1975 von England aus, wo er zuvor ein Jahr lang gelebt hatte, nach Ghana. Er besorgte sich ein Haus in einem Vorort von Accra und ein Stück Land und gründete eine Abteilung der Ethiopian World Federation (EWF), die er »the Ethiopian World Federation of Cooperative Farming« nannte. Da es sich dabei um die erste Rastafari-Organisation in Ghana handelte, gilt Wolde Mykal alias *Big Dread* in diesem Land seitdem als Gründungsvater der Rastas. 1988 mußten die Rastas das Land einem Konzern überlassen, der Ansprüche darauf geltend machte. Wolde Mykal zog sich daraufhin mit einem Teil seiner Gruppe auf eine kleine Farm zurück und hat seitdem keinen Kontakt mehr zu den Rastas in Accra (Savishinsky 1993: 88 f.).

Die EWF-Rastas in Accra konzentrieren sich auf die Landwirtschaft, unter anderem auch auf den Anbau von Marihuana. Die Erträge sind groß genug, um einen Teil davon in den Senegal und nach Europa zu exportieren. In einem Interview sagt Ras Waleda, einer der führenden EWF-Rastas, er und andere jamaikanische Rastas seien die ersten gewesen, die qualitativ hochwertiges Marihuana und effektive Anbaumethoden in Westafrika eingeführt hätten (ibid., S. 91). Während die EWF-Gruppe in den ersten Jahren ihres Bestehens einmal pro Woche eine Rasta-Zusammenkunft mit gemeinsamem Singen, Trommeln, Beten, *Reasoning* und Marihuanarauchen veranstaltete, fanden diese Treffen Ende der 80er Jahre nicht mehr so oft und in unregelmäßigen zeitlichen Abständen statt. Ras Waleda, der eine kleine Bibliothek besitzt – unter anderem mit Büchern über Äthiopien, Haile Selassie und Marcus Garvey – trifft sich oft mit anderen Rastas zu informellen »study sessions«. Innerhalb der Gruppe existiert keine Hierarchie. Es wird auf eine strikte Einhaltung der klassischen Nahrungsregeln der Rastas geachtet: Fleisch, Salz, Nahrung mit künstlichen Zusatzstoffen und Alkohol sowie andere Drogen sind für die EWF-Rastas tabu. Die EWF-Rastas betrachten sich selbst als orthodox, vor allem im Vergleich zu anderen ghanaischen Rastas. Selassie wird von den EWF-Rastas in Accra jedoch nicht als Gott verehrt, sondern gilt als Prophet.

**Twelve Tribes of Israel**

1986 reiste Prophet Gad für zwei Monate nach Ghana und eröffnete eine ghanaische Abteilung der Twelve Tribes of Israel. Im Dezember 1989 hatten die Twelve Tribes in Ghana 132 Mitglieder. Die einzige Bedingung für die Aufnahme ist, daß der oder die Betreffende zwei Paßfotos abgibt und eine Aufnahmegebühr von 50 Cedi bezahlt. Das ghanaische Hauptquartier der Twelve Tribes befindet sich in Labadi, in der Nähe von Accra. Die führenden VertreterInnen der Organisation haben hier ihren festen Wohnsitz. Außerdem dient das Hauptquartier sowohl Mitgliedern der Twelve Tribes als auch anderen Rastas als Treffpunkt. Geleitet wird das Hauptquartier von einer weißen italienischen Rasta-Frau namens Celeste, die die Hauptverantwortliche für die finanziellen Angelegenheiten, die Organisation von Reggae-Konzerten und die Aufrechterhaltung eines regelmäßigen Kontaktes mit Prophet Gad[131] ist. Sowohl weiße als auch weibliche Mitglieder sind in der ghanaischen Twelve-Tribes-Gruppe gleichberechtigt.

Mehrmals im Jahr finden im Hauptquartier Auftritte von Reggae-Bands oder -DJs statt. Jeden Freitag veranstalten die Twelve Tribes ein offenes Treffen mit gemeinsamem Essen, *Reasoning*, Marihuanarauchen und Reggae-Musik. Jeden Sonntag findet ein Gottesdienst statt, an dem ausschließlich

Mitglieder und deren Angehörige teilnehmen dürfen. Diese Gottesdienste entsprechen in Form und Inhalt den Gottesdiensten der Twelve Tribes in Jamaika: Ein Mitglied hält eine eröffnende Ansprache, und danach wird gemeinsam in der Bibel gelesen, es wird über einzelne Passagen diskutiert, und es werden Rastafari-Lieder bzw. Rastafari-Versionen christlicher Hymnen gesungen. Auch in anderen Punkten stimmen die ghanaischen Twelve Tribes mit den jamaikanischen überein: Die Mitglieder müssen keine Tabus bezüglich des Konsums von Fleisch, Alkohol oder Tabak beachten. Die Bibel steht bei den Twelve Tribes im Mittelpunkt. Von den Mitgliedern wird erwartet, daß sie täglich in der Bibel lesen (»a chapter a day«) (ibid., S. 101–106).

Selassie wird bei den ghanaischen Twelve Tribes als »schwarzer Messias« bzw. als »ultimativer Erlöser« (»ultimate redeemer«) der afrikanischen Rasse verehrt. Savishinsky betrachtet dies als eine weitere Übereinstimmung mit der jamaikanischen Zentrale. Er übersieht dabei, daß Selassie von den Twelve Tribes in Jamaika nicht als der ultimative Erlöser, sondern »nur« als Reinkarnation Jesu angesehen wird und deshalb die biblische Figur Jesus Christus bei ihnen mehr im Mittelpunkt steht als der äthiopische Kaiser (s. Adam 1998; Dijk 1993: 289). Ein weiterer Unterschied besteht darin, daß in Jamaika viele Twelve-Tribes-Mitglieder Angehörige der Mittelklasse sind und über ein gesichertes Einkommen verfügen, während das auf die meisten Twelve-Tribes-Mitglieder in Ghana nicht zutrifft. So ist die ghanaische Abteilung auf Überweisungen der Zentrale und anderer Abteilungen sowie der in Europa oder Nordamerika lebenden ghanaischen Mitglieder angewiesen. Weitere Einnahmequellen sind die musikalischen Veranstaltungen und der Verkauf selbst hergestellter Handwerksartikel (Savishinsky 1993: 107). Nach Savishinsky sind die Twelve Tribes die größte und am besten organisierte Rasta-Gruppe in Ghana.

### Unabhängige Rastas

Die meisten ghanaischen Rastas gehören keiner Organisation an. Savishinskys Interviews mit unabhängigen Rastas führen ihn zu folgendem Ergebnis:

- »The vast majority of the independent Rastas I met experienced and frequently expressed a greater degree of alienation and social/cultural anomie than that experienced or expressed by other Ghanaians in general and Rastas belonging to either the Twelve Tribes or the EWF« (ibid, S. 118 f.).

Die unabhängigen Rastas distanzieren sich nach Savishinsky durch ihr Bekenntnis zu Rastafari von ihren Familien, und diese Entfremdung wird nicht, wie bei den organisierten Rastas, durch die Mitgliedschaft in einer Rasta-Gruppe kompensiert. Hierbei stellt sich jedoch die Frage, ob die Entfremdung, von der Savishinsky spricht, tatsächlich erst durch das Bekenntnis zu Rastafari entstand oder bereits vorher existierte. Während Savishinsky offenbar Entfremdung als das Ergebnis der Entscheidung für die Rastafari-Lebensweise betrachtet, ist es im konkreten Einzelfall genauso möglich, daß umgekehrt das Bekenntnis zu Rastafari eine Konsequenz aus der Erfahrung gesellschaftlicher Entfremdung ist. Außerdem ist zu bedenken, daß auch der Rahmen der Interviews Savishinskys Schlußfolgerungen beeinflußt haben kann: Während die organisierten Rastas in ihren Hauptquartieren, das heißt innerhalb eines von der Außenwelt abgegrenzten Raumes, interviewt wurden, traf Savishinsky die nicht-organisierten Rastas auf der Straße.

**Rasta-Frauen**

Fragwürdig sind auch Savishinskys Schlußfolgerungen in bezug auf afrikanische Rasta-Frauen. Er stellt fest, daß für Rasta-Frauen in Ghana dieselben Vorschriften existierten wie in Jamaika: Sie seien von zentralen Ritualen wie *Reasoning-Sessions* und Marihuanarauchen ausgeschlossen, sie müßten weite Kleidung tragen und in der Öffentlichkeit ihre Haare bedecken, und sie dürften während der Menstruation nicht für die Männer kochen. Savishinsky räumt ein, daß sowohl die Geschlechtertrennung bei wichtigen Diskussionen als auch das Tragen weiter Kleidung sowie Menstruationstabus in Ghana nicht nur bei den Rastas, sondern allgemein üblich seien und daß Frauen, die Marihuana rauchen, in der Regel als Prostituierte angesehen würden (ibid., S. 121 ff.). Savishinskys verallgemeinernde Aussagen über afrikanische Rasta-Frauen werden aber vor allem dadurch relativiert, daß er sagt, er habe in Senegal und Gambia überhaupt keine und in Ghana außerhalb der Twelve-Tribes-Gruppe nur eine einzige Rasta-Frau getroffen, und das mit dieser geplante Interview sei nicht zustande gekommen. Hier stellt sich die Frage, für welche Frauen die von Savishinsky genannten Vorschriften dann überhaupt gelten sollen! Die einzigen Rasta-Frauen, die er tatsächlich traf, waren Mitglieder der Twelve Tribes of Israel und als solche relativ gleichberechtigt, auch wenn Savishinsky einschränkend bemerkt, daß sie sich bei Diskussionen zurückhielten.

**Mißverständnisse**

Fast alle von Savishinsky interviewten ghanaischen Rastas trugen *Dreadlocks* und gaben an, daß sie regelmäßig Marihuana konsumierten. Die mit Zauberei und Geistbesessenheit verbundenen Praktiken der traditionellen Religionen lehnen die Rastas in Ghana ebenso radikal ab, wie die Rastas in Jamaika Revival und Kumina ablehnen. Savishinsky betont, daß die Rastas in diesem Punkt mit vielen der anderen in Ghana (vor allem im urbanen Kontext) weit verbreiteten neuen religiösen Bewegungen – dabei handelt es sich zum größten Teil um christliche unabhängige Kirchen (»independent African churches«) – übereinstimmen. Diese Ablehnung von jeder Art von Zauberei bewahrt die Rastas jedoch nicht davor, daß sie selbst oft mit Zauberern verwechselt werden. Savishinsky macht darauf aufmerksam, daß einige traditionelle Heiler und Zauberer in Ghana ihre Haare lang wachsen und verfilzen lassen und daß Rastas deshalb oft für Zauberer gehalten und gefürchtet werden. Viele Menschen in Ghana assoziieren verfilzte Haare außerdem mit Obdachlosen und Wahnsinnigen und meiden die Rastas aus diesem Grund. Die interviewten Rastas erklären dagegen, daß sie stolz auf ihre *Dreadlocks* seien. Wie die Rastas in Jamaika betrachten sie ihre Locken vor allem als Ausdruck des Nasiräergelübdes bzw. als Zeichen ihrer besonderen Verbindung mit Gott (ibid., S. 144–154).

Savishinsky berichtet, daß er – vor allem am Strand von Labadi – sehr viele Jugendliche traf, die sich zwar selbst als Rastas bezeichneten, aber im Grunde nur die äußerlichen Rasta-Attribute, das heißt *Dreadlocks*, Reggae, Marihuana und bestimmte Slogans, adaptierten, ohne sich in einer tiefergehenden, spirituellen Weise mit Rastafari auseinanderzusetzen. Bei dieser oberflächlichen Adaptierung von Rasta-Symbolen als Modetrend handelt es sich um ein Phänomen, das bereits aus Jamaika und anderen Ländern bekannt ist. Von einigen GhanaerInnen wird der Begriff *Rastas* als Synonym für arbeits- und perspektivlose Jugendliche bzw. junge Erwachsene – egal, ob mit oder ohne *Dreadlocks* – benutzt, da in dieser Bevölkerungsgruppe der Marihuanakonsum besonders weit verbreitet ist. Während alte Leute und Menschen aus ländlichen Gebieten Savishinsky gegenüber erklärten, die Rastas seien ihnen zu »westlich« oder zu »jamaikanisch«, hielten viele Vertreter der jüngeren Generation, die sich mehr für die neuesten afroamerikanischen Trends interessierten, die Rastas für altmodisch (ibid., S. 112 ff., 170–174).

Genau wie in Jamaika bis Ende der 60er Jahre und in anderen Ländern werden die Rastas also offensichtlich auch in Afrika von großen Teilen der Bevölkerung völlig mißverstanden und oft für Wahnsinnige oder Kriminelle gehalten. Genau wie in Jamaika und in anderen Ländern lassen sich aber auch in Ghana die Rastas nicht so schnell durch die Meinung anderer von ihrem Weg abbringen, sondern fühlen sich durch die Vorurteile der »Ungläubigen« eher noch in der Überzeugung von ihrer göttlichen Berufung bestätigt. Ras Yeboah, ein 30jähriger Rasta aus Kumasi, drückt dies so aus:

- »I-n-I don't care for what them foolish people say about Rastafari, whether it be praise or slanderous gossip because all of them are living in ignorance, fear, and stupidstition [sic] and only when the end of days comes and all the prophesies be fulfilled and Selassie I again reveals himself to the world as the King of Kings, Conquering Lion of Judah, the Alpha and the Omega, the first and the last, sitting on the throne of the new Zion, will the blind be made to see their foolishness and the deaf and dumb be made to hear and understand that Rastafari is no false thing, but in truth we be the chosen few who will survive the final day of Judgment. As it is written, in the Book [Revelation 22: 15]: ›Outside are the dogs, sorcerers, murderers, fornicators, idolaters, and those who practice falsehood‹ but I-n-I are not on the outside, as many would have you to believe, but by the power of Selassie I in truth we are the ones on the inside – Jah Rastafari« (zit. in Savishinsky 1993: 174 f.).

Mit seiner Frage, ob es für sie nicht widersprüchlich sei, sich zu einer »importierten« Religion zu bekennen, stieß Savishinsky bei ghanaischen Rastas auf völliges Unverständnis: Sie betrachten GhanaerInnen und JamaikanerInnen als Angehörige derselben »Nation« und verweisen darauf, daß ein sehr großer Teil der versklavten AfrikanerInnen, die nach Jamaika kamen, aus Gebieten des heutigen Ghana stammten. Wenn Rastas nun von Jamaika nach Ghana auswandern, wird dies von ghanaischen Rastas als Heimkehr aus einem jahrhundertelangen Exil interpretiert:

- »Through the universal workings of the Rastaman, we Ghanaians be again reunited with our Jamaican brethren after hundreds of years« (Ras Natt, Mitglied der EWF-Gruppe in Accra, zit. in Savishinsky 1993: 179).

## Rastas im Senegal

### Gorée

Der jamaikanische Rasta Ras Waleda kam 1980 in den Senegal, nachdem er in England (1967–75) und in anderen europäischen Ländern gelebt hatte. Bis 1984 blieb er im Senegal, wo er sich bemühte, die Rastafari-Botschaft zu verbreiten. Unter anderem gründete er eine Rasta-Kommune auf der Insel Gorée. Danach ging er nach Ghana, wo er sich der EWF anschloß.
Im Januar 1989 besucht Savishinsky die Rasta-Kommune auf der Insel Gorée. In der Kommune leben zu diesem Zeitpunkt nur vier Rastas, die allerdings relativ häufig von anderen Rastas (aus dem Senegal, aus anderen westafrikanischen Ländern, aus Europa, Nordamerika und der Karibik) besucht werden. Zimmervermietung an Touristen, Marihuanahandel und Gelegenheitsjobs sind ihre finanziellen Einnahmequellen.

Die Rastas von Gorée verehren Haile Selassie als Gott und beachten die orthodoxen Nahrungstabus. Sie verdammen den Kolonialismus und den Neokolonialismus, die senegalesische Elite und ihre französischen Unterstützer. Sie lesen die Bibel auf Englisch und diskutieren miteinander auf *Iyaric.* Dies ist Ras Waleda zu verdanken, der ihnen die beiden Sprachen beibrachte. *Reasonings* mit Ras Waleda, Reggae-Musik und Marihuana-Meditationen bewegten die vier dazu, ihren islamischen Glauben aufzugeben und sich zu Rastafari zu bekennen. Sie betrachten Rastafari als die einzige »wahre« afrikanische Religion. Einer von ihnen beschreibt den Prozeß ihrer Konvertierung so:

- »Before meeting Waleda, I-n-I read the Koran and believed in the Prophet, the Marabouts, and all Islam movings like that, but I-n-I also listen to Reggae – you know Bob, Peter Tosh, and Steel Pulse – and listen close hard to them things these Rastas saying, and little by little I-n-I begin to ›overstand‹ that the only proper religion for the African man is Black Religion – the religion of Rastafari at whose head stands the King of Kings, the Lord of Lords, the Black Messiah, direct descendant from the Ethiopic line of Solomon and Sheba, His Imperial Majesty Haile Selassie I – and that Islam was in fact a foreign thing which Africans stole from the Arabs. And after smoking the herb and reasoning with Ras [Waleda], I-n-I became a true Blackheart Man [Rasta] and forgot those Islamic movements from before and with the help of Jah my dreads begun to come full and my mind turn to Rastafari – the only true and genuine African religion« (Pepe Fallo zit. in Savishinsky 1993: 184).

Bei ihrem Senegal-Besuch trafen die Consciousness-Stars Luciano und Sizzla mit Baaba Maal, einem der prominentesten Sänger Westafrikas, zusammen.

## Dakar

An der Universität von Dakar traf Savishinsky mehrere Rasta-Studenten, von denen fast alle *Dreadlocks* trugen. Genau wie die meisten anderen von Savishinsky interviewten Rastas gaben auch diese intellektuellen Rastas an, vor allem durch Reggae und Marihuana zu Rastafari inspiriert worden zu sein. Ihr Schwerpunkt lag jedoch nicht so sehr auf den religiösen, sondern vielmehr auf den soziopolitischen und panafrikanistischen Aspekten von Rastafari. Außerdem hatte Savishinsky an der Universität von Dakar Kontakt mit einer Studentengruppe namens Faari Ab. Mehrere Mitglieder dieser Gruppe sind ehemalige Rastas und/oder tragen *Dreadlocks*. Die Faari Ab sind stark von den Ideen Cheik Anta Diops, der als wichtigster Vertreter der Afrozentrismus-Philosophie im 20. Jahrhundert gilt, beeinflußt. Sie betrachten Ägypten als Ursprung der afrikanischen Zivilisation und behaupten, daß auch die *Dreadlocks*-Frisur ursprünglich aus Ägypten stamme. Abgesehen von den *Dreadlocks* haben sie jedoch nicht viele Gemeinsamkeiten mit den Rastas (ibid., S. 185–191).

## Die Baaye Faal: moslemische Rastas?

Savishinsky (1993: 194 ff.; 1994: 211–219) stellt mehrere Übereinstimmungen der Baaye Faal, eines Zweiges der einflußreichen moslemischen Mouriden-Bruderschaft, mit den Rastas fest:

- Etwa drei Viertel der Baaye Faal, die Savishinsky traf, trugen *Dreadlocks*.
- Marihuanakonsum ist unter den Baaye Faal sowohl im religiösen Kontext als auch im Alltag sehr weit verbreitet.
- Die Baaye Faal bevorzugen farbenfrohe Kleidung.
- Ihr Gründer, Ibra Faal, wird als »schwarzer Erlöser« verehrt. Von ihm wird gesagt, er sei nicht gestorben, sondern nur vorübergehend verschwunden und werde bald zurückkehren, um die Welt zu retten.
- Der Löwe ist das wichtigste Symbol der Baaye Faal (auch in Verbindung mit *Dreadlocks*).
- Singen und Trommeln sind im religiösen Zusammenhang von großer Bedeutung für die Baaye Faal.

Auch wenn nicht geklärt ist, ob bzw. in welchem Ausmaß die Baaye Faal tatsächlich von Rastafari beeinflußt wurden, eröffnet allein schon die Möglichkeit eines Synkretismus von Islam und Rastafari eine völlig neue Perspektive. Ein von Savishinsky interviewter Rasta an der Universität von Dakar meint, die Popularität von Rastafari und Reggae habe dazu geführt, daß sich seit den 70er Jahren sehr viele Jugendliche den Baaye Faal angeschlossen hätten. Savishinsky hält es für möglich, daß das Tragen von *Dreadlocks* und das Rauchen von Marihuana bei den Baaye Faal auf Rasta-Einflüsse zurückzuführen sind. Die Baaye Faal selbst bestreiten dies aber.

## Rastas in Gambia

Savishinsky (1993: 207 ff.) berichtet, er habe in keinem anderen Land außerhalb von Jamaika eine solche Popularität und Omnipräsenz von Reggae erlebt wie in Gambia. So steht Reggae-Musik auch bei den gambischen Rastas, die Savishinsky interviewte, klar im Mittelpunkt des Interesses. Nur sehr vereinzelt traf er in Gambia ernsthafte (»serious«) Rastas. Die meisten derjenigen Gambier, die sich selbst als *Rasta* oder als *Dread* bezeichnen, haben dagegen nur die äußerlichen Rasta-Attribute (*Dreadlocks*, Reggae, Marihuana, die Farben der äthiopischen Flagge) übernommen. Themen wie Panafrikanismus, afrikanische Geschichte, *Rasta-Livity* oder die Bibel haben für sie jedoch keine große Bedeutung. Nach Savishinskys Darstellung sind die Rasta-Symbole in

Gambia zwar besonders sichtbar, aber Rastafari wird in diesem Land nicht als spirituelle Lebensweise, sondern als westlicher Modetrend aufgefaßt. Allerdings ist zu bedenken, daß Savishinskys Aufenthalt in Gambia wesentlich kürzer war als in Ghana und im Senegal.

Alles in allem scheinen Savishinskys Studien zu belegen, daß außerhalb der von Jamaikanern gegründeten Gruppen (EWF und Twelve Tribes of Israel in Ghana sowie die Rasta-Kommune auf Gorée) Rastafari in erster Linie als westlicher, eng mit der Reggae-Musik verbundener Lebensstil aufgefaßt wird. Um zu fundierten Aussagen über die Rezeption der Rastafari-Symbole in Afrika zu kommen, sind aber wohl noch umfangreichere Studien nötig.

# trodin' on

### Ein Rasta ist kein Taliban

11. September 2001, New York. Das World Trade Center brennt. Innerhalb von kurzer Zeit stürzen die beiden Türme schließlich in sich zusammen. Nichts als Schutt und Asche bleibt übrig von den Wahrzeichen des weltweiten Dollar-Imperiums. Die beiden größten Türme *Babylons* existieren nun nicht mehr. Doch aus Jamaika hört man keine Jubelgesänge. Im Gegenteil: »Man A Nuh Taliban« (»Ein Rasta ist kein Taliban«) heißt ein Stück auf dem aktuellen Album des Reggae-Veterans und bekennenden Bobo-Dreads Junior Reid (2002). Zwar sprechen und singen die Rastas nun schon seit Generationen vom Untergang *Babylons*, und ihre »feurige« Kritik an mächtigen *Babyloniern* wie George W. Bush werden sie sich auch weiterhin nicht verbieten lassen. Die Rastas benutzen *Word, Sound and Power* aber ausschließlich als spirituelle Waffe. Niemals würden sie mit Flugzeugen in Hochhäuser fliegen oder sonstige Terroranschläge verüben bzw. unterstützen. Physische Gewalt war noch nie ein Mittel der Rastas in ihrem Kampf gegen *Babylon*. Sie wissen, daß Terror *Babylon* nicht schwächt, sondern tatsächlich nur stärkt: Die Rüstungsindustrie und die Geheimdienste profitieren am meisten von den Anschlägen des 11. September. Wird uns das fundamentalistische Bush-Regime nun in den Dritten Weltkrieg führen? *Amagiddeon Time*? Aber wir wollen dieses Buch nicht mit apokalyptischen Szenarien ausklingen lassen, sondern mit einem Ausblick auf die Entwicklung von Reggae in Deutschland.

### Journey to Jah

3. November 2002, Düsseldorf, ZAKK. »Give me some fire ... Burn down Babylon!«, ruft Mellow Mark, der zusammen mit seiner Gitarre und einem DJ das Vorprogramm für Gentleman bestreitet. Er nimmt seine langen *Dreadlocks* in die Hand und schlägt mit ihnen auf die Gitarrensaiten ein. Später verabschiedet er sich vom Publikum mit einem Rasta-Gruß: »One Love, Düsseldorf!«

Dann kommt Gentleman mit seiner Band auf die Bühne und läßt sich von der *Massive*[132] feiern. Auch er trägt mit seinen Liedern zur Vernichtung *Babylons* bei: »A-just di fire-a-go bun dem. A-just di fire-a-go blaze dem ...«. Deutsche Reggae-Artists wie Gentleman und Patrice sind nicht nur mit dem »Reggae-Virus« infiziert, sondern auch stark von Rastafari-Ideen beeinflußt. Sie singen ihre Lieder auf Jamaikanisch, und die Texte sind voll von Rasta-Metaphorik. Patrice (2002) beschwört beispielsweise in »Jah Jah Deh Deh«[133]

das spirituelle Vermächtnis der schwarzen Freiheitskämpfer von Marcus Garvey bis Malcolm X. Gentleman (1999) hat schon vor ein paar Jahren Lieder wie »Jah-Jah never fail I yet« oder »Trodin on« gesungen, und in seinen aktuellen Liedern ruft er die Menschen mit Rasta-Rhetorik zu mehr *Righteousness* auf:

> Full time now the people overstand
> That together we can rise and then be strong
> We've been abiding righteousness for oh so long
> It's up to us to fulfill the Father's plan
>
> (Gentleman 2002: »Man A Rise«).

Gentlemans Tour, wie auch sein aktuelles Album, trägt den Titel »Journey to Jah«. Eine schöne Metapher: die lange Reise zu Jah. »Jah is by my side« (Rebel 1997), und trotzdem handelt es sich um eine Reise mit vielen unterschiedlichen Stationen – etwas Dynamisches, nicht etwas Abgeschlossenes; keine fixe Idee, keine Unterdrückung, sondern der ewige Weg zur Freiheit.

Reggae boomt. Gentleman, Patrice, Jan Delay und Seeed haben bereits die Charts gestürmt. Doch sie sind nur die Spitze des Eisbergs. Auftritte von weniger bekannten Artists wie der des (inzwischen allerdings zum Echo-Gewinner gekürten) Rasta-Reggae-Rappers Mellow Mark zeigen, daß Reggae in Deutschland ein großes kreatives Potential hat. Reggae-Musik ist in den letzten 35 Jahren immer in irgendeiner Form wiedergekehrt. Tatsächlich war Reggae die ganze Zeit da und hat in einem unglaublich dynamischen Prozeß immer wieder neue Stile und Entwicklungen hervorgebracht, ohne seine Wurzeln zu vergessen. Ähnlich ist es mit der Rastafari-Bewegung: Unabhängig von Musiktrends schlägt die Rastafari-Philosophie an den unterschiedlichsten Orten Wurzeln, die die Zeiten überdauern.

Gentleman: The Journey continues ...

Keep it blazing!

# anhang

## Bibliographie


Abyssinians. 1977. *Satta.* LP. Magic Fire.

Adam, Ras. 1998. »Interview with Dr. Vernon Carrington: The Beloved Prophet Gad, July 13th, 1997, on Jamaican radio station IRIE FM's Running African; Interview by Ms. Andrea Williams. Transcribed by Messian Dread of the Netherlands.« *http://web.syr.edu/~affellem/Gad.html* (28.06.00).

Akpan, M. K. 1978. »The Return to Africa – Sierra Leone and Liberia.« In: *Tarikh* 5(4), 92–116.

Alleyne, Mervyn C. 1988. *Roots of Jamaican Culture.* London: Pluto Press.

Andy, Horace. 1995 [1977]. *In the Light.* CD. Blood & Fire.

Anthony B. 1996. *So many things ...* CD. VP.

Assmann, Jan. 1992. *Das kulturelle Gedächtnis. Schrift, Erinnerung und politische Identität in frühen Hochkulturen.* München: C. H. Beck.

Augier, Roy; Nettleford, Rex ; Smith, Michael G. 1960. *The Ras Tafari Movement in Kingston, Jamaica.* Mona: University College of the West Indies.

Banton, Michael. 1988. *Racial consciousness.* London, New York: Longman.

Barrett, David B. 1968. *Schism & Renewal in Africa. An Analysis of Six Thousand Contemporary Religious Movements.* Nairobi, Addis Abeba, Lusaka: Oxford University Press.

Barrett, Leonard. 1977. *The Rastafarians. Sounds of cultural dissonance.* Boston: Beacon Press.

Bender, Wolfgang (Hg.). 1992. *Rastafari-Kunst aus Jamaika.* Bremen: Edition CON.

—. 1992a. »Rasta-Künstler: Biographien & Werke.« In: *Rastafari-Kunst aus Jamaika,* 100–141.

Bender, Wolfgang; Naliwaiko, Alja. 1992. »Rastafari als Gegenkultur. Einführung in die Rastafari-Kunst.« In: *Rastafari-Kunst aus Jamaika,* 11–23.

Bessell, M. J. 1938. »Nyabingi.« *Uganda Journal* VI(2), 73–86.

Bilby, Kenneth; Leib, Elliott. 1986. »Kumina, the Howellite Church, and the Emergence of Rastafarian Traditional Music in Jamaica.« In: *Jamaica Journal* 7(1), 22–28.

Birhan, Farika. 1982. »Kurze Einführung ins Vokabular des Iyarischen.« In: Millard Faristzaddi (Hg.), 81–90.

Bishton, Derek. 1986. *Blackheart Man. A Journey Into Rasta.* London: Chatto & Windus.

Bones, Jah. 1987 [1985]. *One Love. History, Doctrine and Livity.* London: Voice of Rasta Publishing House.

Brantlinger, Patrick. 1986. »Victorians and Africans: The Genealogy of the Myth of the Dark Continent.« In: Henry Louis Gates (Hg.). *»Race«, Writing, and Difference.* Chicago, London: University of Chicago Press, 185–222.

Bremer, Thomas; Fleischmann, Ulrich (Hgg.). 1993. *Alternative Cultures in the Caribbean. First International Conference of the Society of Caribbean Research, Berlin 1988.* Frankfurt am Main: Vervuert.

Brown, Dennis. 1977. *Visions of Dennis Brown.* LP. Shanachie.

Brynda, Bianca. 1994. »›Roots Daughters‹. Rastawomen and their Experiences in the Movement.« In: Manfred Kremser (Hg.), 77–100.

Burkitt, Ian. 1991. *Social Selves. Theories of the Social Formation of Personality.* London: Sage Publications.

Burnett, Paula (Hg.). 1986. *The Penguin Book of Caribbean Verse in English.* Harmondsworth: Penguin Books.

Bushman. 1997. *Nyah Man Chant.* LP. Greensleeves.

—. 2001. *Higher Ground.* LP. Greensleeves.

Campbell, Horace. 1985. *Rasta and Resistance. From Marcus Garvey to Walter Rodney.* Dar es Salaam: Tanzania Publishing House.

Chevannes, Barry (Hg.). 1994. *Rastafari and Other African-Caribbean Worldviews.* London: Macmillan Press.

—. 1994a. »Introducing the Native Religions of Jamaica.« In: *Rastafari and Other African-Caribbean Worldviews*, 1–19.

—. 1994b. »New Approach to Rastafari.« In: *Rastafari and Other African Caribbean Worldviews*, 20–42.

—. 1994c. »The Origin of the Dreadlocks.« In: *Rastafari and Other African-Caribbean Worldviews*, 77–96.

—. 1994d. »The Phallus and the Outcast: The Symbolism of the Dreadlocks in Jamaica.« In: *Rastafari and Other African-Caribbean Worldviews*, 97–126.

—. 1994e. *Rastafari. Roots and Ideology.* New York: Syracuse University Press.

—. 1998. »Rastafari and the Exorcism of the Ideology of Racism and Classism in Jamaica.« In: Nathaniel S. Murrell et al. (Hgg.), 55–71.

Chisholm, Clinton. 1998. »The Rasta-Selassie-Ethiopian Connections.« In: Nathaniel S. Murrell et al. (Hgg.), 166–177.

Clarke, Peter B. 1986. *Black Paradise. The Rastafarian Movement.* Wellingborough: Aquarian Press.

Clarke, Sebastian. 1980. *Jah Music The Evolution of the Popular Jamaican Song.* London: Heinemann Educational Books.

Clifford, James. 1994. »Diasporas.« In: *Cultural Anthropology* 9(3), 302–338.

Comitas, Lambros. 1975. »The Social Nexus of Ganja in Jamaica.« In: Vera Rubin (Hg.), 119–132.

Cronon, E. David (Hg.). 1973. *Marcus Garvey.* Englewood Cliffs: Prentice-Hall.

—. 1973a. »Introduction.« In: *Marcus Garvey*, 1–16.

—. 1973b. »Afterword: An Enduring Legacy.« In: *Marcus Garvey*, 167–169.

Culture. 1979. *Cumbolo.* LP. Virgin.

Davis, Stephen. 1977. *Reggae Bloodlines. In Search Of The Music And Culture Of Jamaica.* Doubleday: Anchor Press.

—. 1993 [1983]. *Bob Marley. Conquering Lion of Reggae.* London: Plexus.

Dijk, Frank Jan van. 1993. *Jahmaica. Rastafari and Jamaican society, 1930–1990.* Utrecht: ISOR.

Dike, K. Onwuka. 1956. *Trade and Politics in the Niger Delta, 1830–1885. An Introduction to the economic and political History of Nigeria.* Oxford: Clarendon Press.

Dpa. 2000. »Letzte Ruhestätte für Äthiopiens letzten Kaiser.« *Süddeutsche Zeitung*, 6.11.00, S. 9.

Drake, St. Clair. 1993. »Diaspora Studies and Pan-Africanism.« In: J. E. Harris (Hg.). *Global Dimensions of the African Diaspora.* Washington, D.C.: Howard University Press, 451–509.

Edmonds, Ennis B. 1998a. »Dread ›I‹ In-a-Babylon: Ideological Resistance and Cultural Revitalization.« In: Nathaniel S. Murrell et al. (Hgg.), 23–35.

—. 1998b. »The Structure and Ethos of Rastafari.« In: Nathaniel S. Murrell et al. (Hgg.), 349–360.

Elkins, W. F. 1977. *Street preachers, faith healers, and herb doctors in Jamaica, 1890–1925.* New York: Revisionist Press.

Epp, Rainer; Frederking, Klaus (Hgg.). 1982. *Dub Version. Über Jamaikas Wirklichkeit.* Berlin: Rotbuch.

Epp, Rainer. 1982. »Reggae in Jamaika – ein Bericht.« In: *Dub Version*, 12–29.

Essien-Udom, E. U. 1967. »An Introduction to the Second Edition.« In: Garvey, Amy J. (Hg.), vii–xvii.

Essien-Udom, E. U.; Garvey, Amy Jaques (Hgg.). 1977. *More Philosophy and Opinions of Marcus Garvey.* London: Frank Cass.

Ewens, Graeme. 1995 [1991]. *Die Klänge Afrikas. Zeitgenössische Musik von Kairo bis Kapstadt.* Aus dem Englischen übers. v. Thomas Brückner. München: Marino.

Faith, Karlene. 1990 [1969]. »One Love – One Heart – One Destiny. A Report on the Ras Tafarian Movement in Jamaica.« In: G.W. Trompf (Hg.). *Cargo Cults and Millenarian Movements. Transoceanic Comparisons of New Religious Movements.* Berlin, New York: Mouton de Gruyter, 295–341.

Faristzaddi, Millard (Hg.). 1982. *Itations of Jamaica and Rastafari.* Übers. v. Rainer Epp. München: Rogner & Bernhard.

—. 1982a. »Linguistic language latitudes. The queen's ›english‹ and the emperor's ›iyaric‹.« In: *Itations of Jamaica and Rastafari*, 79–81.

—. 1982b. »Ital food – ital fruits – ital juices.« In: *Itations of Jamaica and Rastafari*, 108–111.

—. 1982c. »Ganja, the hola herb.« In: *Itations of Jamaica and Rastafari*, 142–145.

Forsythe, Dennis. 1983. *Rastafari: For the Healing of the Nation.* Kingston: Zaika Publications.

Garvey, Amy Jaques (Hg.). 1967 [1923/1925]. *Philosophy and Opinions of Marcus Garvey or Africa for the Africans.* 2 Bände. London: Frank Cass.

Gentleman. 1999. *Trodin on.* Doppel-LP. Four Music.

—. 2002. *Journey to Jah.* Doppel-LP. Four Music.

Gonschior, Thomas. 2000. »Bob Marley, Haile Selassie und Gott. Spurensuche in Jamaika: Warum für die Rastamen der 1975 gestorbene Kaiser von Äthiopien noch immer lebt.« *Süddeutsche Zeitung*, 4./5.11.00, S. 7.

Gordon, Shirley. 1997. »›God is dumb until the drum speaks.‹ Religious Life in Jamaica before Emancipation.« *Comparative Studies of South Asia, Africa, and the Middle East* XVII(1), 145–156.

Güldner, Ulli. 2002. »Shashemane Living«. In: *riddim*, 2/02, S. 46–51.

Habekost, Christian (Hg.). 1987a [1980]. *Mutabaruka: the first poems. Gedichte aus Jamaica.* Neustadt: Michael Schwinn.

— (Hg.). 1987b [1986]. *Dub Poetry. 20 Dichter aus England und Jamaica.* Neustadt: Michael Schwinn.

—. 1994a. »Der Zeitgeist aus dem Sound System.« In: Gerhard Rieger (Hg.). *Die Karibik zwischen Souveränität und Abhängigkeit. Analysen und Berichte zu Jamaika, Kuba, Haiti, St. Lucia, Guadeloupe-Martinique und der Dominikanischen Republik.* Freiburg: Informationszentrum Dritte Welt, 66–74.

—. 1994b. »›Rasta 'pon top‹ but ›Raggamuffin rule‹. The Change of a Style.« In: Manfred Kremser (Hg.), 101–118.

Hall, Stuart. 1990. »Cultural Identity and Diaspora.« In: Jonathan Rutherford (Hg.). *Identity: Community, Culture, Difference.* London: Lawrence & Wishart, 222–237.

Handler, Richard. 1994. »Is ›Identity‹ a useful cross-cultural Concept?« In: John R. Gills (Hg.). *Commemorations. The Politics of National Identity.* Princeton: Princeton University Press, 27–41.

Hardy, Virginia. 1998. »Rastafarians Embrace Babylon.« *www.oneworld.org/ips2/jul98/03_09_003.html* (18.10.00).

Henriques, Fernando. 1968 [1953]. *Family and Colour in Jamaica.* London: MacGibbon & Kee.

Hill, Robert. 1983 [1981]. »Leonard P. Howell and Millenarian Visions in Early Rastafari.« *Jamaica Journal* 16 (1), 24–39.

Hofbauer, Andreas. 1997 »Von Rasse zu Identität. Vom Ringen um Paradigmen in der ›Wissenschaft vom anderen‹.« *Anthropos* 92(1–3), 569–577.

Homiak, John P. 1987. »The mystic revelation of Rasta Far-Eye: visionary communication in a prophetic movement.« In: Barbara Tedlock (Hg.). *Dreaming. Anthropological and Psychological Interpretations.* Cambridge, New York, Melbourne: Cambridge University Press, 220–245.

—. 1994a. »Dub History: Soundings on Rastafari Livity and Language.« In: Barry Chevannes (Hg.), 127–181.

—. 1994b. »From Yard to Nation: Rastafari and the Politics of Eldership at Home and Abroad.« In: Manfred Kremser (Hg.), 49–76.

Hopkins, Elizabeth. 1970. »The Nyabingi Cult of Southwestern Uganda.« In: Robert I. Rotberg; Ali A. Mazrui (Hgg.), 258–336.

Johnson-Hill, Jack. 1995. *I-Sight. The World of Rastafari.* Metuchen, London: ATLA.

Jones, Simon. 1988. *Black Culture, White Youth. The Reggae Tradition from JA to UK.* London: Macmillan Education.

Kastner, Jens Petz. 2003. »No woman, no cry. Der Mythos von Reggae als schwarzer Kultur der Befreiung.« *testcard #12: Linke Mythen.* Mainz: Ventil, 80–83.

Kelly, Junior. 2002. *Conscious Voice.* CD. Jet Star/Penetentiary.

Kitzinger, Sheila. 1966. »The Rastafarian Brethren of Jamaica.« *Comparative Studies in Society and History* 9, 33–39.

Köhler, Michael (Hg.). 1991 [1988]. Richtig Reisen: Ostafrika. Köln: DuMont.

Köhlings, Ellen; Lilly, Pete. 2000. »Babylon muß brennen.« *taz*, 30.6.00, S. 13.

—. 2002. »Sizzla: Me Bu'n Racism.« In: *riddim*, 3/02, S. 28–29.

Krech, Volkhard. 1999. *Religionssoziologie.* Bielefeld: Transcript.

Kremser, Manfred (Hg.). 1994. *Ay Bobo Afro-Karibische Religionen. Zweite Internationale Tagung der Gesellschaft für Karibikforschung. Wien 1990. Teil 3: Rastafari.* Wien: WUV-Universitätsverlag (Wiener Beiträge zur Ethnologie und Anthropologie, Band 8)

Kuper, Adam. 1976. *Changing Jamaica.* London, Boston: Routledge & Kegan Paul.

Langley, Jabez Ayodele. 1973. »Garvey and African Nationalism.« In: E. D. Cronon (Hg.), 148–153.

Lanternari, Vittorio. 1966 [1960]. *Religiöse Freiheits- und Heilsbewegungen unterdrückter Völker [Movimenti religiosi di libertà e di salvezza dei populi oppressi].* Übers. v. Friedrich Kollmann. Neuwied, Berlin: Luchterhand.

Larrain, Jorge. 1994. *Ideology and Cultural Identity. Modernity and the Third World Presence.* Cambridge: Polity Press.

Lee, Hélène. 2000 [1999]. *Der erste Rasta [Le Premier Rasta].* Übers. v. Angelika Inhoffen. Höfen: Hannibal.

Lewis, Rupert. 1998. »Marcus Garvey and the Early Rastafarians: Continuity and Discontinuity.« In: Nathaniel S. Murrell et al. (Hgg.), 145–158.

Lewis, William F. 1993. *Soul Rebels. The Rastafari.* Prospect Heights: Waveland Press.

Loth, Heinz-Jürgen. 1991. *Rastafari. Bibel und afrikanische Spiritualität.* Köln, Wien: Böhlau.

Mansingh, Ajai; Laxmi Mansingh. 1985. *Hindu Influences on Rastafarianism.* Caribbean Quarterly Monograph. Mona: University of the West Indies.

Marley, Bob. 1973. *Catch A Fire.* LP. Island.

—. 1976. *Rastaman Vibration.* LP. Island.

—. 1979. *Survival.* LP. Island.

Meerwe, Nikolaas J. van der. 1975. »Cannabis Smoking in 13th–14th Century Ethiopia: Chemical Evidence.« In: Vera Rubin (Hg.), 77–80.

Melodians. 1980 [1968]. »Rivers of Babylon.« Auf: *Reggae Festival.* LP. Trojan.

Michels, Peter M. 1979. *Rastafari.* München: Trikont.

Murrell, Nathaniel S. et al. (Hgg.). 1998. *Chanting Down Babylon. The Rastafarian Reader.* Philadelphia: Temple University Press.

Murrell, Nathaniel S.; Lewin Williams. 1998. »The Black Biblical Hermeneutics of Rastafari.« In: *Chanting Down Babylon. The Rastafarian Reader*, 326–348.

Mutabaruka. 1991. *Blakk Wi Blak...k...k...* LP. Shanachie.

Naliwaiko, Alja. 1982. »Rastafari.« In: Rainer Epp; Klaus Frederking (Hgg.), 118–139.

Nettleford, Rex M. 1972 [1970]. *Identity, Race and Protest in Jamaica.* [*Mirror, Mirror.*] New York: William Morrow.

—. 1982 [1976]. »Introduction.« In: Joseph Owens, vii–xix.

Niney the Observer. 1979 [1971]. »Blood and Fire.« Auf: *Creation Rockers Vol. 1.* LP. Trojan.

Owens, Joseph. 1982 [1976]. *Dread. The Rastafarians of Jamaica.* London, Kingston, Port of Spain: Heinemann.

Patrice. 2002. *How Do You Call It?.* CD. Yo Mama.

Patterson, Orlando. 1967. *The Sociology of Slavery. An Analysis of the Origins, Development, and Structure of Negro Slave Society in Jamaica.* London: MacGibbon & Kee.

—. 1979 [1973]. »Slavery and Slave Revolts: A Sociohistorical Analysis of the First Maroon War, 1665–1740.« In: Richard Price (Hg.), 246–291.

Planno, Mortimo. 1999 [1969]. »The Earth Most Strangest Man: The Rastafarian.« *http://www.rism.org/planno/toc.html* (19.10.00).

Pollard, Velma. 2000. *Dread Talk: The Language of Rastafari.* Kingston: Canoe Press.

Post, Ken. 1978. *Arise Ye Starvelings. The Jamaican Labour Rebellion of 1938 and its Aftermath.* Den Haag, Boston, London: Martinus Nijhoff.

Prezident Brown. 1999. *To Jah Only.* CD. Runn.

Price, Richard (Hg.). 1979 [1973]. *Maroon Societies: Rebel Slave Communities in the Americas.* Baltimore, London: John Hopkins University Press.

—. 1979a [1973]. »Introduction. Maroons and Their Communities.« In: *Maroon Societies: Rebel Slave Communities in the Americas*, 1–30.

—. 1979b [1973]. »Jamaica.« In: *Maroon Societies: Rebel Slave Communities in the Americas*, 227–229.

Rebel, Tony. 1997. *If Jah*. LP. VP.

Reckord, Verena. 1998. »From Burru Drums to Reggae Ridims: The Evolution of Rasta Music.« In: Nathaniel S. Murrell et al. (Hgg.), 231–252.

Reid, Junior. 2002. *Rasta Government*. LP. JR.

Rodney, Walter. 1969. *The Groundings with my Brothers*. London: Bogle-L'Ouverture Publications.

Rollhäuser, Lorenz. 2000. »Gewächse Davids. Die Rastafari-Bewegung in Jamaika.« *Frankfurter Rundschau*, 1.4.00.

Rotberg, Robert I.; Mazrui, Ali A. (Hgg.). 1970. *Protest and Power in Black Africa*. New York: Oxford University Press.

Rowe, Maureen. 1998. »Gender and Family Relations in RastafarI: A Personal Perspective.« In: Nathaniel S. Murrell et al. (Hgg.), 72–88.

Rubenson, Sven. 1970. »Adwa 1896: The Resounding Protest.« In: Robert I. Rotberg; Ali A. Mazrui (Hgg.), 113–142.

Rubin, Vera (Hg.). 1975. *Cannabis and Culture*. Den Haag, Paris: Mouton Publishers.

—. 1975a. »The ›Ganja Vision‹ in Jamaica.« In: *Cannabis and Culture*, 257–266.

Salewicz, Chris; Boot, Adrian. 2001. *Reggae Explosion. The Story of Jamaican Music*. London: Virgin.

Savishinsky, Neil J. 1993. *Rastafari in the promised land: The spread of a Jamaican socio-religious movement and its music and culture among the youth of Ghana and Senegambia*. Ann Arbor: University Microfilms International.

—. 1994. »The Baaye Faal of Senegambia: Muslim Rastas in the promised land?« In: *AFRICA*, 64(2), 211–219.

—. 1998. »African Dimensions of the Jamaican Rastafarian Movement.« In: Nathaniel S. Murrell et al. (Hgg.), 125–144.

Schuler, Monica. 1980. *»Alas, Alas, Kongo«. A Social History of Indentured African Immigration into Jamaica, 1841–1865*. Baltimore, London: John Hopkins University Press.

Shepperson, George. 1973. »Garvey as Pan-Africanist.« In: E. David Cronon (Hg.), 144–147.

Shiferaw, Getachew. 2000. »Formal reburial of Emperor Haile Selassie conducted.« *Ethiopian Herald*, 6.11.00, 6–8.

Simpson, George E. 1957. »The Ras Tafari Movement in Jamaica: A Study of Race and Class Conflict.« In: J.M. Yinger (Hg.). *Religion, Society, and the Individual. An Introduction to the Sociology of Religion*. Toronto: Macmillan Company, 507–514.

Sizzla. 1997. *Black Woman & Child*. LP. Greensleeves.

—. 1998a. *Good Ways*. LP. Digital B/ Brickwall.

—. 1998b. *Jet Star Reggae Max*. CD. Jet Star.

—. 1999. *Royal Son of Ethiopia*. LP. Greensleeves.

Smedley, Audrey. 1998. »›Race‹ and the Construction of Human Identity.« *American Anthropologist* 100(3), 690–702.

Spencer, William David. 1998. »The First Chant: Leonard Howell's *The Promised Key* with commentary.« In: Nathaniel S. Murrell et al. (Hgg.), 361–389.

Steffens, Roger. 1998. »Bob Marley: Rasta Warrior.« In: Nathaniel S. Murrell et al. (Hgg.), 253–265.

Sundkler, Bengt G. M. 1961 [1948]. *Bantu Prophets in South Africa.* London, New York, Toronto: Oxford University Press.

Tafari-Ama, Imani M. 1998. »Rastawoman as Rebel: Case Studies in Jamaica.« In: Nathaniel S. Murrell et al. (Hgg.), 89–106.

Thompson, Alvin O. 1978. »Africans in the Caribbean and the Guianas.« In: *Tarikh* 5(4), 41–55.

Thompson, Linval. 1979. *Six Babylon.* LP. Clocktower.

Toit, Brian M. du. 1975. »Dagga: The History and Ethnographic Setting of Cannabis sativa in Southern Africa.« In: Vera Rubin (Hg.), 81–116.

Turner, Terisa E.; Ferguson, Bryan J. (Hgg.). 1994. *Arise Ye Mighty People! Gender, Class and Race in Popular Struggles.* Trenton: Africa World Press.

Turner, Terisa E. 1994. »Rastafari and the new society: Caribbean and East African feminist roots of a popular movement to reclaim the earthly commons.« In: *Arise Ye Mighty People! Gender, Class and Race in Popular Struggles*, 9–55.

Ullendorff, Edward. 1968. *Ethiopia and the Bible.* London: Oxford University Press.

Wynands, René. 1995. *Do the Reggay! Reggae von Pocomania bis Raggamuffin und der Mythos Bob Marley.* München: Piper.

Yawney, Carole D. 1976. »Remnants of All Nations: Rastafarian Attitudes to Race and Nationality.« In: Frances Henry (Hg.). *Ethnicity in the Americas.* Den Haag, Paris: Mouton Publishers, 231–262.

—. 1982. »To Grow a Daughter: Cultural Liberation and the Dynamics of Oppression in Jamaica.« In: Angela R. Miles; Geraldine Finn (Hgg.). *Feminism in Canada: From Pressure to Politics.* Montréal: Black Rose Books, 119–144.

—. 1993. »Rasta mek a Trod. Symbolic Ambiguity in a Globalizing Religion.« In: Thomas Bremer; Ulrich Fleischmann (Hgg.), 161–168.

—. 1994a. »Rastafari Sounds of Cultural Resistance. Amharic Language Training in Trenchtown, Jamaica.« In: Manfred Kremser (Hg.), 33–48.

—. 1994b [1987]. »Moving with the dawtas of Rastafari: from myth to reality.« In: Terisa E. Turner; Bryan J. Ferguson (Hgg.), 65–73.

Zips, Werner. 1993. »›Sister Nanny a one a we, Brother Kojo a one a we, Brother Bob Marley a one a we …‹. The continuity of black resistance in Jamaica.« In: Thomas Bremer; Ulrich Fleischmann (Hgg.), 69–76.

—. 1994a. »Rastafari: Eine Kulturrevolution in der Afrikanischen Diaspora.« In: Manfred Kremser (Hg.), 15–31.

—. 1994b. »To Make War with Words. Soziale Organisation und Widerstand in afrikanischer-karibischer Oralliteratur.« In: Manfred Kremser (Hg.), 119–148.

## Anmerkungen

1 Aus Gründen der Lesbarkeit wird im Folgenden bei den Begriffen »schwarz« und »weiß« auf die Schreibweise in Anführungszeichen verzichtet.

2 Howells Anhängerschaft wurde zu diesem Zeitpunkt auf 800 Personen geschätzt (Post 1978: 167).

3 Nach 1938 wurden erstmals Gewerkschaften zugelassen und zwei neue Parteien (JLP und PNP) gegründet. Dadurch wurde die Unzufriedenheit der Bevölkerung teilweise kanalisiert.

4 Howell nannte sich auch Gangunguru Maragh (Kurzformen: G. G. Maragh, Gong). Nach Hill (1983: 35) ist dieser Name eine Kombination der Hindi-Worte *gyan* (»Weisheit«), *gun* (»Tugend«), *guru* (»Lehrer«) und *maragh* (»großer König« bzw. »König der Könige«).

5 *Dreadlocks* sind lange verfilzte Haare. Sie entstehen dadurch, daß die Haare weder geschnitten noch gekämmt werden (s. Kapitel »Dreadlocks«).

6 Das Rauchen von Marihuana ist ein zentrales Rasta-Ritual (s. Kapitel »Livity«).

7 kurz: (Prince) Emmanuel > einflußreicher Rasta, später Kopf der Bobo-Dreads (s. Kapitel »Organisation der Bewegung«).

8 Bei dem »Tempel« handelte es sich nicht um ein Gebäude, sondern um ein großes *Rasta-Camp* in den Slums von Kingston.

9 Back o' Wall wurde auch scherzhaft »Rasta-Vatikan« genannt. Unter anderem befand sich hier bis zu diesem Zeitpunkt das Hauptquartier von Prince Emmanuels Ethiopia Africa National Congress. Nach der Räumung sollte auf dem Gelände von Back o' Wall die Sozialbausiedlung Tivoli Gardens entstehen.

10 Die Manley-Regierung scheiterte schließlich aufgrund massiver wirtschaftlicher Probleme.

11 Bob Marley, der sich für Michael Manley engagiert hatte, verließ die Insel, nachdem er bei einem Attentat angeschossen worden war.

12 Einige Maori bekennen sich zu Rastafari.

13 Vereinzelt gibt es auch Rastas, die als Eremiten leben (Naliwaiko 1982: 126).

14 Die frühen wissenschaftlichen Studien beschränkten sich auf Kingston. Ländliche Rasta-Kommunen wurden kaum untersucht. Der Ansatz von Lewis (1993) ist in diesem Zusammenhang sehr interessant: Er untersuchte Rasta-Gruppen in verschiedenen Ländern und Kontexten und arbeitete die dadurch bedingten Unterschiede heraus.

15 Einige *Elders* sind bereits seit Ende der 40er Jahre in der Rastafari-Bewegung aktiv.

16 Unter anderem waren/sind einige erfolgreiche Reggae-Interpreten Mitglieder der Twelve Tribes, zum Beispiel Bob Marley, Dennis Brown und Freddie McGregor.

17 s. Genesis 14,18; Hebräer 4–7.

18 Die meisten Rastas tabuisieren den Tod.

19 Die modernistische Auffassung vom zentrierten, abgeschlossenen und völlig autonomen Subjekt ist eine europäische Konzeption und wird von nicht-europäischen Konzeptionen in der Regel nicht geteilt (Handler 1994: 30 ff.).

20 Der Begriff »Heimat« ist hier natürlich nicht als tatsächlicher, sondern als ideeller und konstruierter Herkunftsort zu verstehen.

21 Europäische Kaufleute brachten billige Waren (Spirituosen, Schmuck, Waffen usw.) nach Afrika, kauften damit Menschen und verschifften diese nach Amerika bzw. in die Karibik. Dort wurden die verschleppten AfrikanerInnen als SklavInnen verkauft, die europäischen Händler kauften die in der »Neuen Welt« erzeugten Produkte (Zucker, Baumwolle, Kaffee usw.) ein und kehrten mit ihnen nach Europa zurück.

22 Als biologische Kategorie ist »Rasse« bedeutungslos: In der Wissenschaft hat sich die Erkenntnis durchgesetzt, daß sich die Menschheit nicht anhand von physischen Merkmalen in verschiedene, voneinander abgrenzbare »Rassen« einteilen läßt. Als »soziale Erfindung« bzw. soziales Konstrukt spielt die Kategorie »Rasse« jedoch im Alltag vieler Menschen immer noch eine wichtige Rolle (Banton 1988: 21 ff.; Smedley 1998: 698 f.).

23 s. dazu auch Una Marsons Gedicht »Kinky Hair Blues« (in Burnett 1986: 158 f.)

24 von span. *cimarron* bzw. franz. *marron, -e* für »wild, ungezähmt«

25 *Obeah* ist wahrscheinlich eine Ableitung von *obeye* (Twi für »Zauberei«); die Herkunft des Begriffs *Myal* ist ungeklärt (Patterson 1967: 185 f.).

26 Die Herkunft des Wortes *Duppy* ist nicht geklärt.

27 *I and I* = Rasta-Pronomen für »wir, uns, unser/e«

28 Eine detaillierte Studie der äthiopistischen Kirchen in Südafrika präsentiert Sundkler (1961).

29 Ähnliche religiöse Bewegungen gibt es seit Ende des 19. bzw. Anfang des 20. Jahrhunderts in ganz Afrika. In Südafrika haben sie jedoch eine besonders große Anhängerschaft, und auch äthiopistische Tendenzen sind in Südafrika am stärksten (Barrett 1968: 22 f.).

30 1921 wurde eine dieser zionistischen Kolonien in der Nähe von Queenstown von Regierungstruppen zerstört. Bei dieser Aktion wurden 117 der ca. 500 Mitglieder dieser Gemeinschaft von den Soldaten ermordet.

31 Garvey behauptete 1923, daß es 900 UNIA-Abteilungen mit insgesamt ca. sechs Mio. Mitgliedern gebe (Garvey 1967 [1925]: 131).

32 Die *Negro World* wurde in vielen afrikanischen Kolonien verboten, in »Französisch West-Afrika« sogar unter Androhung der Todesstrafe (Chevannes 1994a: 10).

33 Unter anderem nahmen auch Delegierte aus verschiedenen Gebieten Afrikas an der *Convention* teil. Die größte afrikanische UNIA-Abteilung befand sich in Lagos (Langley 1973: 150).

34 s. Garvey 1967 [1925]: 135 ff.

35 in einem Kommentar im *Blackman*, Juli/August 1936

36 Der umstrittene Rasta-Führer Claudius Henry (s. Kapitel »Die Geschichte der Rastafari-Bewegung«) nannte sich *Repairer of the Breach*.

37 Auch die jamaikanische Revival-Zion-Bewegung konstruierte ihre Identität (lange vor den Rastas) mit einer *Zion/Babylon*-Dichotomie (Elkins 1977: 30).

38 s. Offb 5,5; 17,14; 19,16.

39 s. Offb 16,16

40 s. Offb 18–22

41 jamaikanisch für *Hotter fire burn*

42 Einer der Gründe, den Papst mit dem Teufel zu identifizieren, war, daß der damalige Papst Mussolinis Einmarsch in Äthiopien seinen Segen erteilte (Campbell 1985: 109; Steffens 1998: 259).

43 *dem* = jam. für *they, them, their*; *Governor General* = oberster Vertreter Englands in Jamaika

44 aus *shit* und *system* zusammengesetzt

45 *Me say dem...* = jamaikanisch für *I say they are ...*

46 Diese Einstellung wird jedoch nicht von den Twelve Tribes of Israel geteilt, die die Bibel viel mehr als andere Rasta-Gruppen in den Mittelpunkt stellen und für die jedes Wort in der Bibel heilig ist (Murrell/Williams 1998: 327).

47 *Spliff* = Marihuanazigarette

48 Wie konsequent dieser Bruch in der Praxis erfolgt, ist von Fall zu Fall verschieden. Inzwischen gibt es auch viele Rastas, die keinen entscheidenden Widerspruch zwischen ihrem Glauben und ihrer Existenz innerhalb des *Babylon-Systems* sehen.

49 Fast 30 Jahre später empfing Nnamdi Azikiwe als Vertreter der nigerianischen Regierung die jamaikanische *Mission to Africa* (s. Kapitel »Repatriation«), an der auch drei Rastas teilnahmen (Dijk 1993: 155).

50 s. auch Offb. 21,6 und 22,13

51 s. Offb. 5, 2-5: Offb. 13; Offb. 19

52 Ein in den 30er Jahren in Jamaika kursierendes Foto zeigte Haile Selassie mit einem Fuß auf einer nicht explodierten Bombe der Italiener. Die Rastas sahen in diesem Foto einen Beweis für Selassies Unbesiegbarkeit (Augier, Nettleford, Smith 1960: 22).

53 Dieser Rasta-Slogan stammt aus dem Text einer alten Revival-Hymne (s. Elkins 1977: 47).

54 Die römische Eins aus dem Titel des äthiopischen Kaisers wird von den Rastas als englisches *I* [ai] gelesen. Zur besonderen Bedeutung dieses Buchstabens in der Sprache der Rastas s. Kapitel »Sprache«.

55 Rasta-Plural-Pronomen für »wir, unser/e, uns« (s. Kapitel »Sprache«)

56 jamaikanisch für »can't«

57 Unter anderem versucht das der jamaikanische Geistliche Clinton Chisholm (s. Chisholm 1998).

58 *for I-ver* = Rasta-Ausdruck für »forever«

59 Diese Behauptung steht im Widerspruch dazu, daß Rastas in der Regel möglichst jeden Kontakt mit Toten vermeiden und keine Friedhöfe betreten, geschweige denn Gräber öffnen.

60 *Repatriation* war in der afrikanischen Diaspora schon immer ein Thema. Seit ihrer Gründung waren Sierra Leone und Liberia die wichtigsten Ziele für die *Repatriation* ehemaliger Sklaven (s. zum Beispiel Akpan 1978: 92–116)

61 Seit dem Erlaß neuer restriktiver Einwanderungsgesetze in England Anfang der 60er Jahre sind die USA und Kanada die wichtigsten Ziele jamaikanischer MigrantInnen.

62 Der Wortlaut des Briefes der New Yorker EWF-Zentrale an die jamaikanische Abteilung (Local 31), in dem dies angekündigt wird, ist dokumentiert in Augier, Nettleford, Smith (1960: 39 f.).

63 Allerdings erklärte der Außenminister von Sierra Leone wenig später in einem Interview, daß sein Land keine Rastas immigrieren lassen werde (Dijk 1993: 156).

64 *I-n-I* = Rasta-Pronomen für »wir, uns, unser/e«

65 Unter anderem war Bob Marley Mitglied der Twelve Tribes. Kurz vor seinem Tod trat er allerdings der Ethiopian Orthodox Church (E.O.C.) bei, der bereits seine Frau Rita angehörte (Davis 1993: 240).

66 Die wichtigsten Bibelstellen im Zusammenhang mit *Repatriation* sind Jesaja 43 und Micha 4,1–4.

67 *Black Star Line* war der Name von Marcus Garveys Schiffahrtsgesellschaft.

68 Auch mehrfache Gespräche von Vertretern des orthodoxen House of Nyabinghi mit Premierminister Manley und Mitgliedern seiner Regierung sowie mit dem britischen *High Commissioner* führten nicht zu der von den Rastas erhofften konkreten Unterstützung ihrer Vorstellungen von *Repatriation* (s. Dijk 1993: 206 f., 229–231).

69 Andere Schreibweisen sind *Nyaman, Niyaman* und *Nyah Man* (Kurzformen: *Nya/Niya/Nyah*).

70 Bei den Rastas hat sich die Schreibweise *Nyabinghi* durchgesetzt. Der ursprüngliche Name der Bewegung in Afrika war *Nyabingi* ohne *-h-*. Auch in der Aussprache unterscheiden sich die Rasta-Variante *Nyabinghi* [naia'bingi] und das afrikanische Original *Nyabingi* [mit Anfangsnasal *ny-*].

71 *Nyabingi* bedeutete nach Bessell (1938: 73) »one who possesses many riches«.

72 *Issembly* = Rasta-Ausdruck für »Versammlung« (*assembly*)

73 *leggo* = jam. für »leave, give up«; *mek we* = jam. für »let us«; *bun* = jam. für »burn«; *serpent* (Schlange) = bibl. Symbol für Unreinheit, Falschheit; *I-man* = Rasta-Ausdruck für »ich«

74 Mit *dem* (jam. für *they, their, them*) ist *Babylon* gemeint; *calabas chalice* = aus einer Kalebasse gebaute Marihuana-Wasserpfeife; *I-ses* = Rasta-Ausdruck für »praises«.

75 Auch heute noch singen die Rastas bei ihren *Nyabinghis* z.T. alte Revival-Hymnen, allerdings mit veränderten Texten.

76 Auch heute gibt es in Jamaika noch kleine Gruppen von Trommlern, die den Burru-Stil in seiner ursprünglichen Form praktizieren. Ihre Anzahl hat allerdings seit den 40er Jahren sehr stark abgenommen (Reckord 1998: 235; Bilby, Leib 1986: 25, 28).

77 Count Ossie erlangte in Jamaika große Popularität, indem er 1959 bei der Aufnahme des Hits »Oh Carolina« mitwirkte (Clarke 1980: 54).

78 *Mek dem art beat as one* = jamaikanisch für »Let their heart beat as one«; *inna de madda lan* = jamaikanisch für »in the motherland«.

79 zur Entwicklung von Mento bis Reggae s. Davis (1977: 12 ff.), Clarke (1980: 57 ff.), Wynands (1995: 24 ff.) und Salewicz, Boot (2001: 14 ff.)

80 Dabei werden z.T. auch alte Roots-Reggae-Rhythmen aus den 60er/70er Jahren verwendet.

81 Zwar wird das Tragen von verfilzten Haaren in verschiedenen ländlichen Gebieten in Afrika gesellschaftlich akzeptiert. Viele AfrikanerInnen assoziieren mit verfilzten Haaren jedoch – ebenso wie die Mehrheit der jamaikanischen Bevölkerung in den 50er Jahren – Obdachlosigkeit, Wahnsinn, Kriminalität und Zauberei.

82 Die Mau-Mau, die sich selbst »Freedom Fighters« und später »Kenya Land and Freedom Army« nannten, verübten ab 1950 Attentate auf europäische Siedler und afrikanische Kollaborateure. Obwohl die Briten mit einer großen Armee und äußerst brutalen Maßnahmen gegen die Mau-Mau vorgingen, gelang es ihnen erst Ende der 50er Jahre, den Aufstand endgültig niederzuschlagen. Dabei wurden insgesamt 11500 tatsächliche oder vermeintliche Mau-Mau-Kämpfer getötet, während 1800 afrikanische Kollaborateure, 200 afrikanische Soldaten der Kolonialarmee und 95 Europäer den Mau-Mau-Attacken zum Opfer fielen (Köhler 1991: 161–165).

83 Während des Ausnahmezustands, den die Kolonialmacht von 1952 bis 1959 über Kenia verhängte, war den Afrikanern jede Art von politischer Organisation verboten. Kenyatta und über 100 andere Vertreter der Unabhängigkeitsbewegung wurden verhaftet. Nach der Verbüßung einer achtjährigen Haftstrafe kehrte Kenyatta schließlich in die kenianische Politik zurück. 1963 wurde er zum ersten Ministerpräsidenten des unabhängigen Kenia gewählt. Der jamaikanische Rasta Winston Rodney übernahm in den 70er Jahren Kenyattas inoffiziellen Titel und avancierte unter diesem Namen zu einem der weltweit populärsten Roots-Reggae-Sänger: Burning Spear.

84 *knotty* = »verknotet«

85 Weitere Bibelstellen, in denen das Haareschneiden untersagt wird, sind Levitikus 19,27 und 21,5.

86 *dutty* = jamaikanisch für »dirty«

87 In vielen *Myal*- und *Revival*-Gruppen war es bereits üblich, daß sowohl Männer als auch Frauen ihre Haare mit einem Turban bedecken mußten (Chevannes 1994d: 112).

88 s. Patterson (1967: 174–181, 249–253)

89 »Betondschungel«

90 *Icient* = Rasta-Ausdruck für »ancient«

91 *fi* = jam. für »for«; *waan* = jam. für »want to«

92 Mit dem Begriff *Dreadlocks* (kurz: *Dreads*) werden nicht nur die Locken an sich, sondern auch Locken tragende Rastas bezeichnet.

93 Bezeichnung für Rastas, die ihre Haare kämmen

94 Bezeichnung für Rastas, die ihre Haare kurz schneiden. Inzwischen wird dieser Begriff jedoch meist als Synonym für Nicht-Rastas verwendet.

95 *Ital* = Rasta-Ausdruck für »lebendig, fit, gesund, frisch« (Ableitung von *vital*)

96 aus *shit* und *city* zusammengesetzt

97 von *dead* abgeleitet

98 Gepökeltes Fleisch und Salzwasserfisch waren Hauptbestandteile der üblichen Nahrung von Sklaven.

99 abgeleitet von *incense* (Weihrauch) und *Icient* (Rasta-Ausdruck für »ancient«)

100 Mit *Lamb* ist Selassie gemeint. Der Messias tritt in der biblischen Offenbarung nicht nur als *Löwe von Juda* auf, sondern auch als das *Lamm*, das die sieben Siegel öffnet.

101 nach der indischen Göttin Kali

102 abgeleitet von *colley* und Selassies Vornamen (Haile)

103 ursprünglich jamaikanische Bezeichnung für eine bestimmte karibische Palmensorte

104 Kikongo für »Blatt« und für »Heilkräuter sammeln« (Savishinsky 1998: 143)

105 Marihuanazigarette

106 Weitere Bibelstellen, die nach der Interpretation der Rastas von der Heiligkeit der Marihuanapflanze handeln, sind: Genesis 1,11–12 / 1,29–30; Levitikus 21,6; Deuteronomium 11,10; Psalmen 18,9/104,14; Sprichwörter 15,17; Offenbarung 8,3–5.

107 Comitas (1975: 121) schätzt, daß 65–75 Prozent der jamaikanischen Unterschicht regelmäßig Marihuana konsumieren.

108 Es existieren jedoch auch weniger dynamisch orientierte Rasta-Gruppen, in denen bestimmte Doktrinen als unumstößlich gelten (Yawney 1976: 242).

109 s. Habekost 1987b

**110** *careless Ethiopians* = Rasta-Bezeichnung für Menschen mit schwarzer Hautfarbe, die sich nicht zu Afrika, sondern zu *Babylon* bekennen

**111** »Rivers of Babylon« wurde in den 70er Jahren ein großer Hit für die Disco-Pop-Gruppe Boney M. Natürlich wird in der Boney M.-Version *King Alpha* (= Selassie) wieder durch *The Lord* (allgemeine Bezeichnung für den christlichen Gott) ersetzt: »But how can we sing *the Lord's* song in a strange land?

**112** *Mabrak* = Rasta-Begriff mit der Bedeutung »schwarzer Blitz«

**113** *beat out of we* = »was beaten out of us«

**114** Leonard Howell verwendete bereits in den 30er Jahren in Gebeten eine rituelle Geheimsprache, die allerdings mit dem *Iyaric* nichts zu tun hat (s. Hill 1983: 36, 39).

**115** Andere Bezeichnungen für die Rasta-Sprache sind *I-ance, Dread Talk, Rasta Talk* und *I-tesvar I-yound* (Homiak 1994a: 160 ff.).

**116** Inzwischen ist ein relativ großer Teil des Rasta-Vokabulars in die jamaikanische Alltagssprache integriert worden (Pollard 2000: 35).

**117** Kurzform von *I and I*

**118** *Inually* (auch: *Itinually*) = »continually«; *yanks* = »thanks«; *Ises* = »praises«; *Itection* = »protection«; *Iverton* = Rasta-Variante des Vornamens *Everton.*

**119** In einer Rasta-Beziehung wird der Mann als *Kingman* und die Frau als *Queen* bezeichnet.

**120** Die biblische Vorschrift, daß Frauen keine Männerkleidung und Männer keine Frauenkleidung tragen sollen, findet sich in Deuteronomium 22,5. Die Vorschrift, daß Frauen stets ihre Haare verhüllen sollen, steht in 1. Korinther 11,2–16.

**121** *Hail King Selassie* ist wegen der Ähnlichkeit des Grußwortes *Hail* mit Selassies Vornamen *Haile* ein beliebter Rasta-Gruß.

**122** s. zum Beispiel Marley 1979: »Survival« und Abyssinians 1977: »Abendigo«.

**123** Schon lange vor Entstehung der Rastafari-Bewegung verwendeten jamaikanische Straßenprediger die biblische Feuer-Symbolik zum symbolischen Verbrennen staatlicher und kirchlicher Machthaber (s. Elkins 1977: 42 ff.).

**124** »Fire 'pon Rome« wurde in Jamaika auf den Index gesetzt, weil Anthony B. in diesem Lied nicht nur den Papst, sondern auch den jamaikanischen Premierminister, P.J. Patterson (PNP), und weitere jamaikanische Repräsentanten politischer und wirtschaftlicher Macht mit Worten »verbrennt«.

**125** Simpson nennt diese drei Themen *The Wickedness of the White Man, The Superiority of the Black Man* und *Revenge.*

**126** Die Interaktion von schwarzen und weißen Rastas ist jedoch keineswegs immer frei von Spannungen. Zu den Schwierigkeiten weißer Rastas in England s. Jones (1988: 177 ff.).

**127** NAACP = National Association for the Advancement of Coloured People

**128** Zu einer Übereinstimmung weißer Rassisten mit den Forderungen von Angehörigen der afrikanischen Diaspora nach *Repatriation* kam es bereits Ende des 18. Jahrhunderts in England im Zusammenhang mit der Gründung von Sierra Leone (s. Bishton 1986: 73 f.). Und auch Marcus Garvey erhielt in den USA Beifall von weißen Rassisten für seine separatistische *Back-to-Africa*-Rhetorik (s. Bilbo 1939 in Cronon 1973: 135–147).

129 Savishinsky reiste auch durch Mali, Burkina Faso, die Elfenbeinküste und Togo und berichtet, daß er in diesen Ländern kaum Rastas antraf.

130 Dabei handelte es sich vor allem um Mitglieder der Twelve Tribes of Israel (Dijk 1993: 262).

131 Prophet Gad, dem Gründer und Leiter der Twelve-Tribes-Zentrale in Jamaika, werden regelmäßig Berichte (»reports«) der internationalen Twelve-Tribes-Abteilungen zugeschickt.

132 Bezeichnung für das Reggae-Publikum

133 Jamaikanisch für »Jah-Jah is there«

## Bildnachweise

Rückseite Cover: Sizzla während eines Auftritts 2001; Cedella Marley Booker (Bob Marleys Mutter); Buju Banton. Alle Fotografien © by Martina Markwart.

Seite 6/7, 9, 13, 33, 39, 65, 153: © by Martina Markwart.

Seite 14: Bishton 1986:110.

Seite 15: Bishton 1986: Seite nicht numeriert (vor Seite 1). Foto: Clive Williams.

Seite 23: Davis 1993: Seite nicht numeriert (zwischen 116 u. 117).

Seite 28: Sizzla. 1997. »Black Woman & Child«. Greensleeves. Ausschnitt LP-Cover.

Seite 51: Beckwith, Carol u. Angela Fisher. 2000 [1990]. Unbekanntes Afrika. [African Ark. Peoples of the Horn.] Aus dem Englischen von Gabriele Graf. Köln: DuMont.

Seite 55: Jah Wise, »Marcus Garvey«, in: Bender 1992:94.

Seite 57: Bob Marley. 1979. »Survival«. Island. LP-Cover.

Seite 61: Bender 1992:93.

Seite 67: Bishton 1986:114.

Seite 68: Lewis 1993:3.

Seite 90: Bender 1992:16.

Seite 98: Prezident Brown. 1999. To Jah Only. CD-Cover.

Seite 100: The Congos. Heart of the Congos. GoFeet Records. LP-Cover, Ausschnitt.

Seite 103: Buju Banton. 1995. Til Shiloh. Island. LP-Cover.

Seite 105: Köhler 1991 [1988]:164.

Seite 107: Ras Daniel Heartman, »Daniel in the Lions Den«, Abb. in: Gebre-Selassie, Girma. 1989. »Babylon muss fallen. Die Rasta-Bewegung in Jamaika.« Nürnberg: Raymond Martin, S. 27.

Seite 109: Brown, Dennis. 1979. »Words of Wisdom.« Atlantic/WEA. LP-Cover, Illustration von Graham Collins.

Seite 110: Bishton 1986:64.

Seite 112: Augustus Pablo / Hugh Mundell: »Africa must be free by 1983 Dub«. LP-Cover, Ausschnitt Rückseite.

Seite 113: Lewis 1993:42.

Seite 115: Mulvaney, Rebekah Michele. 1990. »Rastafari and Reggae. A Dictionary and Sourcebook.« New York, Westport, London: Greenwood Press, S.150.

Seite 116: Culture. 1979. »International Herb«. Virgin. LP-Cover, Ausschnitt.

Seite 117: Mutabaruka. 1991. »Dispel the lie«. LP-Cover.

Seite 121: Bender 1992:7.

Seite 137: Sizzla. 1997. »Black Woman & Child«. Greensleeves. LP-Cover.

Seite 139: Black Uhuru. 1981. »Red«. Island. LP-Cover, Ausschnitt.

Seite 145: Bender 1992:18.

Seite 150: Bob Marley & The Wailers. 1976. »Rastaman Vibration«. Island. LP-Cover.

Seite 154: Alpha Blondy. 1986. »Apartheid is Nazism«. Stern's Africa. LP-Cover.

Seite 165: Salewicz u. Boot 2001:217.

Seite 171: Gentleman. 2002. »Journey to Jah«. LP-Innenhülle, Ausschnitt.

**Puno hvala und mille grazie für Unterstützung und Inspiration an:**

Tajana (Queen of Queens), Lajos und Jonatan (keep on growing!), Prof. Marianne Bechhaus-Gerst, meine Eltern, Wolfgang, Dirk (keep on moving!), Lars Metelmann (für die erste Bob-Marley-Platte!), Ziggy Mohamed, alle Rastas in und um Chiavari, Gunther und Olli vom Ventil Verlag, Carsten Keller, Ellen und Pete von riddim, Music Works Köln (sad to know that you're leaving …), Music Rebel Köln, Michael Berth (»Jamaican Vibes«, glad to know you're back, always keep taking over!), Singers and Players of Instruments, DJs und Soundsystems in- and outtanational und natürlich Jah-Jah.